KUOLEMA VENETSIASSA

THOMAS MANN

Happy Hour Books

Veröffentlicht von:

HAPPY HOUR BOOKS

www.happyhoursbooks.com

E-Mail: happyhourbooks1@gmail.com

Erste Veröffentlichung durch Happy Hour Books 2025

Titel: **Kuolema Venetsiassa**

Taschenbuch ISBN: 9789358485264

Gebundene Ausgabe ISBN: 9789358488388

Ebook ISBN: 9789358482522

INHALTSVERZEICHNIS

ENSIMMÄINEN LUKU

Gustav Aschenbach eli von Aschenbach, kuten hänen nimensä hänen viidennenkymmenennen syntymäpäivänsä jälkeen virallisesti kuului, oli eräänä kevätiltapäivänä vuonna 19 joka kuukausimääriä esiintyi mannermaallemme niin uhkaavin elein, lähtenyt asunnostaan Münchenin Prinzregenten-kadun varrelta yksinään pitkähkölle kävelyretkelle. Aamupäivätuntien vaikean ja vaarallisen, juuri silloin mitä suurinta varovaisuutta, kaukonäköisyyttä ja tahdon tehokkuutta ja tarkkuutta vaativan työn ärsyttämänä kirjailija ei ollut kyennyt edes päivällisen jälkeen hillitsemään sisäisen, tuotteliaan koneistonsa puhtia, sitä *molus animi continuus*, joka Ciceron mukaan on kaunopuheisuuden olemus, eikä päässyt vaipumaan siihen vapauttavaan uneen, joka voimien lisääntyvän kulutuksen vuoksi oli hänelle päivittäin tuiki välttämätön. Niinpä hän olikin heti teen jälkeen lähtenyt ulos toivoen ulkoilman ja liikunnon parantavan hänet ennalleen ja auttavan häntä saamaan virkistävän illan.

Toukokuu oli alullaan, ja kosteankylmien viikkojen jälkeen oli tullut petollinen sydänkesä. Englantilainen puutarha, vaikka vasta hennosti lehdessä, oli ollut autereinen kuin elokuussa ja lähempänä kaupunkia täynnä ajoneuvoja ja jalankulkijoita. Puutarhurin asunnolla, jonne yhä hiljenevät tiet olivat hänet opastaneet, hän oli jonkun hetken silmäillyt kansanomaisen eloisaa »Wirtsgartenia», jonka luo pysähtyi ajurinvaunuja ja yksityisten ajoneuvoja. Hän oli jo auringon laskiessa kääntynyt täältä kotimatkalle pitkin puiston reunaa ketoaukeaman yli ja odotteli, koska tunsi itsensä väsyneeksi ja Föhringiltä päin uhkasi rajuilma, pohjoisen hautuumaan kupeella raitiovaunua, joka veisi hänet suorinta tietä takaisin kaupunkiin.

Sattumalta oli pysäkki ja sen lähitienoo autio. Ei kivetyllä Ungerer-kadulla, jonka kiskoraiteet yksinäisinä ja kiiltävinä johtivat Schwabingille päin, eikä Föhringin viertotiellä näkynyt ainoitakaan ajoneuvoja. Kivenhakkaamojen aitausten takana, missä myytävänä olevat ristit, muistotaulut ja hautapatsaat luovat silmien eteen ikäänkuin toisen asumattoman kalmiston, ei mikään liikkunut, ja vastapäinen bysantilaismallinen hautakappeli seisoi äänettömänä mailleen vaipuvan päivän kajossa. Sen kreikkalaisristien ja kirkasväristen, kirkollisaiheisten kuvausten koristamassa päätysivussa näkyi sitäpaitsi sopusuhtaisesti järjestettyjä, kultakirjaimin piirrettyjä otsikkolauseita, kuten: »Te käytte sisälle Jumalan asuntoon» tai »Ikuinen valo loistakoon teille».

Odottelija oli saanut muutamaksi hetkeksi vakavaa ajanvietettä lukiessaan näitä mietelauseita ja antaessaan sielunsa silmien upota niiden kuultavaan mystiikkaan, kun hän haaveiluistaan valveutuen huomasi pylväskäytävässä, ulkoportaita vartioivien molempien ilmestyskirjan petojen yläpuolella miehen, jonka tavallisuudesta poikkeava ulkoasu johti hänen ajatuksensa uudelle ladulle.

Epätietoiseksi jäi, oliko mies tullut kappelin sisältä pronssiportista vai oliko hän päässyt ulkoa tullen huomaamatta nousemaan portaille. Syventymättä tarkemmin tätä kysymystä harkitsemaan Aschenbach oli taipuvainen hyväksymään edellisen vaihtoehdon.

Mies oli melko kookas, laiha, parraton ja silmäänpistävän nykerönenäinen, sitä punatukkaista, lajia, jolla on maidonvalkoinen ja kesakkoinen hipiä. Hän ei näköjään ollut ensinkään baijerilaista rotua: ainakin hänen päässään oleva leveä ja suoralierinen olkihattu antoi hänelle vierasmaalaisen ja jostakin kaukaa saapuneen matkamiehen leiman. Tosin hänellä oli selässä riippumassa maakuntalaiselle ominainen reppu ja yllään kellahtava, vyöllä sitaistu, nähtävästi sarasta valmistettu puku, harmaa sadevaippa vasemmalla käsivarrellaan, jota hän tuki kuvettaan vasten, ja oikeassa kädessä rautakärkinen, vinosti maahan työnnetty keppi, jonka ponteen hän jalat ristissä nojasi lonkkaansa.

Pää pystyssä, niin että hänen väljästä urheilupaidasta esiintyöntyvässä laihassa kaulassaan näkyi aataminomena selvänä ja paljaana, hän katseli värittömin punaripsisin silmin, joiden välissä, merkillisen hyvin hänen lyhyeen typykkänenäänsä sopien, oli kaksi pystysuoraa tarmokasta vakoa, terävästi tähystellen etäisyyteen. Siten — ja ehkäpä hänen korotettu ja korottava asemapaikkansa oli omiaan tehostamaan sitä vaikutusta — hänen asennossaan oli jotakin hallitsevan kauaskantavaa, rohkeaa tai suorastaan hurjaa; olkoonpa sitten, että hän sokaistuna tuijotti laskevaa aurinkoa tai että syynä oli pysyvä, vääntynyt ilme, hänen huulensa näyttivät liian lyhyiltä, ne olivat työntyneet kokonaan hampaitten edestä, jopa niin, että nämä ikeniin saakka paljastuneina kiilsivät kauas valkoisina ja pitkinä.

Oli hyvinkin mahdollista, että Aschenbach oli esiintynyt tahdittomasti silmäillessään vierasta osittain hajamielisenä osittain tutkivana, sillä äkkiä hän havaitsi, että mies vastasi hänen katseeseensa ja lisäksi niin sotaisesti, niin läpitunkevasti, niin selvästi ilmaisten aikovansa ajaa asian veitsenterälle asti ja pakottaa toisen katseen väistymään, että Aschenbach kääntyi kiusaantuneena ja lähti liikkeelle aitauksen viertä pitkin, päättäen olla välittämättä miehestä sen enempää. Seuraavassa tuokiossa hän olikin jo unohtanut vieraan.

Mutta lieneekö tuo miehen olemuksessa ilmennyt vaeltajan näköisyys tai jokin muu ruumiillinen tai sielullinen syy vaikuttanut hänen mielikuvitukseensa, kuinka tahansa, hän tunsi yllättävästi sisässään kummallista laajentumista, eräänlaista ailahtelevaa levottomuutta, nuorekkaan janoista etäisyyskaipuuta. Se tunne oli niin elävä, niin uusi tai ainakin jo niin kauan sitten kirvoitettu ja unhossa ollut, että hän kädet selän takana, katse maahan luotuna, jäi kahlehdittuna seisomaan tutkiakseen tämän aistimuksen olemusta ja päämäärää.

Se tiesi matkustushalua, ei muuta, mutta todellisesti mielijohteena syntyen ja paisuen intohimoksi, jopa suorastaan harha-aistimukseksi. Hänen himonsa yltyi näkeväksi, hänen mielikuvituksensa, joka ei ollut vielä rauhoittunut työhetkien jälkeen, loihti kuvan monisäikeisen maakamaran kaikista ihmeistä ja kauhuista, joita se koetti yhtaikaa esittää itselleen.

Hän näki — edessä oli maisema, tiheäusvaisen taivaan kattama etelämainen suotienoo, kosteanrehevä ja kammottava, eräänlainen alkumaailma, jossa oli saaria ja soita ynnä liejua kuljettavia jokia — hän näki vehmaasta sanajalkatiheiköstä, lihavan, paisuneen ja oikullisen helokukkaisen kasviston peittämästä maakamarasta kohoavan karvapintaisia palmurunkoja lähellä ja kaukana, näki omituisen muodottomien puiden upottavan juuriaan ilman kautta maahan, tunkkaisiin, vihertävinä välkkyviin vuolteihin, missä maidonvalkoisten ja lautasen kokoisten kelluvien kukkien välissä seisoi matalikossa liikkumattomina sivulleen tuijottavia oudonnäköisiä lintuja, joilla oli korkeat hartiat ja epämuotoinen nokka, näki bamburyteikön solmuisten ruokorunkojen lomasta vaanivan tiikerin silmien välkähtävän hehkun — ja tunsi sydämensä sykkivän kauhua ja arvoituksellista halua. Sitten näky katosi, ja päätänsä ravistaen Aschenbach jatkoi kulkuaan hautakivihakkaamojen aitausten vieritse.

Hän ei ollut, ainakaan siitä alkaen, jolloin hänellä oli ollut varoja nauttiakseen mielin määrin yleismaailmallisen yhdysliikenteen eduista, pitänyt matkustamista muuna kuin terveydellisenä toimenpiteenä, johon silloin tällöin vastoin halua ja taipumusta oli täytynyt turvautua. Liian paljon työssä mukana, oman persoonallisuutensa eurooppalaisen sielun vaatimissa tehtävissä ahertaen, tuotannon velvoituksen liiaksi raskauttamana, huvitukseen liian vastahakoisena voidakseen kelvata ulkomaailman harrastelijaksi hän oli kokonaan tyytynyt siihen käsitykseen, jonka kuka tahansa, liikkumatta pitkälle omasta piiristään, voi saada maakamarasta, eikä ollut kertaakaan edes yrittänyt lähteä Euroopan ulkopuolelle.

Varsinkin senjälkeen kun hänen elämänsä alkoi hitaasti kallistua loppuaan kohden, siitä alkaen, jolloin hänen taiteilijapelkonsa, se ajatus, ettei ehtisi saada valmiiksi — se huoli, että aika loppuisi kesken, ennenkuin hän olisi täyttänyt velvollisuutensa ja antanut itsensä kokonaan, ei enää ollut pelkkänä päähänpistona karkoitettavissa, oli hänen ulkonainen olemassaolonsa rajoittunut melkein yksinomaan siihen kauniiseen kaupunkiin, josta oli tullut hänen kotiseutunsa, ja jylhään maa-asuntoon, jonka hän oli itselleen rakentanut vuoristoon ja jossa hän vietti sateiset kesät.

Niinpä sekin mielijohde, joka juurikään oli niin myöhään ja äkkiä häneen iskenyt, hyvin pian hillittiin järkisyiden ja nuoresta pitäen kehitetyn itsekurin avulla, jolloin se sai oikean valaistuksensa. Hänellä oli ollut aikomus kehittää muuan teos, jota varten hän eli, erääseen tiettyyn kohtaan, ennenkuin hän muuttaisi maalle, ja tuo ajatus ruveta maankiertäjäksi, mikä kuukausiksi riistäisi hänet työn äärestä, oli liian kevytmielinen ja niin vastoin kaikkia suunnitelmia, ettei sitä kannattaisi edes vakavasti pohtia.

Ja silti hän tiesi liiankin hyvin, mistä syystä tuo ahdistus niin äkkiarvaamatta oli johtunut. Pakokauhua se oli, tunnusti hän itselleen, tuo etäisyyden ja uuden kaipuu, tuo vapautuksen, helpotuksen ja unohduksen himo — halu päästä pois työn äärestä, jäykän, kylmän ja intohimoisen raatamisen arkiympäristöstä. Tosin hän rakasti sitä, rakasti jo melkein hermoja kuluttavaa ja päivittäin uudistuvaa taistelua sitkeän ja ylpeän, niin useasti koetellun tahdon ja yhä lisääntyvän väsymyksen välillä, josta kukaan ei saisi tietää mitään ja jota tuotanto ei saisi millään lailla ilmaista, ei merkilläkään paljastaa voimien pettäneen tai veltostuneen. Mutta järkevältä tuntui olla jännittämättä jousta liiaksi, itsepintaisesti tukahduttamatta niin elävästi tuntuvaa tarvetta.

Hän ajatteli työtään, ajatteli sitä kohtaa, johon hänen jälleen tänään, kuten eilenkin, oli täytynyt pysähtyä ja joka ei näyttänyt mukaantuvan kärsivälliseen sommitteluun eikä ripeään sivallukseen. Hän tutki sitä uudelleen, koetti murtaa tai purkaa esteen ja luopui hyökkäyksestä, väristen vastenmielisyydestä. Tässä ei ollut mikään tavaton vaikeus voitettavana, mutta häntä lamauttivat haluttomuuden tuottamat epäilykset ja se paisui niin valtavaksi tyytymättömyydeksi, ettei mikään enää voinut sitä vaimentaa.

Tyytymättömyys oli tosin jo nuorukaiselle merkinnyt kyvyn olemusta ja sisintä luonnetta, ja siksi hän oli hillinnyt ja viilentänyt tunnetta, koska hän tiesi sen olevan taipuvaisen tyytymään iloiseen likimääräisyyteen ja puoleen täydellisyyteen. Kostiko siis nyt tuo kahlehdittu aistimus jättämällä hänet ja kieltämällä hänen taiteeltaan kannatuksensa ja siivittämisensä ja viemällä mukanaan kaiken halun, muodon ja ilmaisun viehätyksen?

Ei niin, että hän olisi luonut huonoa: se ainakin oli vuosien tuottama etu, että hän voi joka hetki olla tyynen varma mestaruudestaan. Mutta kansan, sitä kunnioittaessa hän itse ei siitä iloinnut, ja hänestä tuntui, että hänen työstään puuttuivat ne tulisesti räiskyvän mielen tunnusmerkit, joilla ilon synnyttäminä enemmän kuin millään sisäisellä arvolla on se tärkeämpi etu, että niistä tulee nauttivan maailman ilonaihe.

Hän pelkäsi viettää kesää maalla yksinään pienessä talossa palvelustytön kanssa, joka valmisti hänen ruokansa, ja miespalvelijan kera, joka toi sen hänelle pöytään. Hän pelkäsi tuttuja maisemia vuorenhuippuineen ja -seinämineen, jotka jälleen ympäröisivät hänen tyytymätöntä hitauttaan. Ja näin ollen oli vaihtelu tuiki tarpeen, hiukan tilapäiselämää, tyhjäntoimittamista, kaukoilmaa ja uutta verta, niin että kesästä tulisi hyödyllinen ja tuottava. Matkoille siis — hän oli siihen tyytyväinen. Ei kovin kauas, ei juuri tiikerien luo. Makuuvaunussa yö ja kolmen, neljän viikon lepotovi jossakin kaiken maailman lomapaikassa, lempeässä etelässä.

Näin hän mietti kuullessaan Ungerer-katua lähestyvän sähköraitiovaunun jyminän, ja vaunuun noustessaan hän päätti käyttää illan tutkimalla karttaa ja aikataulua. Vaununsillalla hänen päähänsä pälkähti etsiskellä olkihattuista miestä, joka oli ollut hänen toverinsa tämän kutakuinkin kohtalokkaan viivähdyksen aikana. Mutta vieraan häviäminen jäi selittämättömäksi: häntä ei näkynyt entisellä paikallaan, ei seuraavalla pysäkillä eikä vaunussakaan.

TOINEN LUKU

Gustav Aschenbach, »Preussin Fredrikin» elämäkertaa kuvaavan, selvän ja valtavan proosaeepoksen tekijä, kärsivällinen taiteilija, joka niin kauan ja uutterasti kutoi »Maja»-nimistä rikaskuvioista, erään aatteen varjossa niin monenlaista ihmiskohtaloa yhteenkerääväa romaanimattoa, sen väkevän tarinan luoja, jonka nimeksi oli pantu »Muuan kurja» ja joka osoitti kokonaiselle kiitolliselle nuorisolle, että mitä syvimmän tiedon toisella puolen on siveellisen päättäväisyyden mahdollisuus, ja vihdoin (ja näin onkin lueteltu hänen kypsyyskautensa teokset) »Henkeä ja taidetta» käsittelevän intohimoisen tutkielman laatija, joka siinä ilmenevän järjestävän kyvyn ja vastakohtiin perustuvan kaunopuheisuuden nojalla sai vakaat arvostelijat panemaan sen välittömästi Schillerin koruttomasta ja hentomielisestä runoudesta lausumien mietteiden rinnalle, oli syntynyt Slesian maakunnan piirikaupungissa L:ssä arvokkaan oikeusvirkamiehen poikana. Hänen esi-isänsä olivat olleet upseereita, tuomareita, hallintovirkamiehiä, henkilöitä, jotka kuninkaan ja valtion palveluksessa olivat viettäneet ryhdikästä, moitteettoman karua elämää. Syvempää henkisyyttä oli kerran heidän joukossaan Ilmennyt eräässä saarnamiehessä, vilkkaampaa, aistillisempaa verta oli perheeseen tuonut edellisen sukupolven aikana runoilijan äiti, böömiläisen kapellimestarin tytär. Häneltä periytyivät pojan ulkomuodossa ilmenevät vieraan rodun tuntomerkit. Virkatoimen selväpiirteisen tunnollisuuden ja tummempien, tulisempien vaistojen avioliitossa saattoi syntyä taiteilija, jopa tällainen erikoinen taiteilija.

Koska hänen koko olemuksensa rakentui maineen pohjalle, osoittautui hän, ellei varsinaisesti varhaiskypsäksi, niin ainakin jo varhain julkisuudelle kypsäksi ja taidokkaaksi äänensävynsä päättäväisyyden ja persoonallisen ytimekkyyden nojalla. Miltei jo koulupoikana hänellä oli tunnettu nimi. Kymmentä vuotta myöhemmin hän oli oppinut edustamaan kirjoituspöytänsä äärestä, hoitamaan mainettaan, olemaan sävyisä ja tärkeä kirjetyylissään, jonka tuli olla lyhyttä (sillä menestyvän ja luotetun osalle tulee monia ahdistelevia vaatimuksia). Nelikymmenvuotiaana, varsinaiseen työhön kuuluvien rasitusten ja vaihtelujen uuvuttamana, hänen täytyi päivittäin selviytyä kirjeistä, joissa oli kaikkien mahdollisten maiden postimerkkejä.

Yhtä kaukana kaikesta arkipäiväisestä kuin eriskummaisesta hänen kykynsä oli sitä laatua, että se valloitti samalla haavaa sekä suuren yleisön uskon että valikoivien ihailevan ja vaativan hyväksymisen. Siten jo nuorukaisena tuntien kaikkien vaatimuksesta velvollisuudekseen luoda jotakin — jopa jotakin suurenmoista — hän ei ollut milloinkaan kokenut joutenoloa eikä nuorten huoletonta toimettomuutta.

Kun hän viidenneljättä ikäisenä sairastui Wienissä, lausui muuan terävä tarkkailija hänestä seurapiirissä: »Nähkääs, Aschenbach on alati elänyt näin» — ja puhuja puristi vasemman kätensä sormet tiukasti nyrkkiin — »eikä milloinkaan näin» — ja hän päästi avatun käden rennosti vaipumaan nojatuolin käsinojalta. Se osui oikeaan. Ja urhean siveellistä siinä oli se, että hän oli rakenteeltaan kaikkea muuta kuin vankkaa tekoa ja että alituinen ponnistelu oli hänelle ainoastaan kutsumusta eikä varsinaisesti synnynnäistä.

Lääkärin huolenpito oli kieltänyt pojalta koulunkäynnin ja pakottanut turvautumaan kotiopetukseen. Hän oli kasvanut eristettynä ilman toveripiiriä ja kuitenkin aikaisin tullut huomaamaan, että hän kuului sukupolveen, jonka keskuudessa ei kyky ollut harvinainen, mutta kyllä ruumiillinen pohja, jota kyky vaati kehittyäkseen — siihen sukupolveen, joka aikaisin antaa parhaimpansa ja jossa taito harvoin jaksaa kestää vuosia. Mutta hänen mielilauseensa oli »kestää loppuun asti». Fredrik-romaanissaan hän ei nähnyt muuta kuin tämän komennuksen ylistystä; näihin sanoihin hänestä näytti sisältyvän kärsimysten uhallakin toimivan hyveen olemus. Hän toivoikin hartaasti saavansa elää vanhaksi, sillä hän oli alati ollut sitä mieltä, että vain sellaista taiteellisuutta voi sanoa todella suureksi, laajakantoiseksi, jopa todella arvokkaaksi, jonka oli suotu olla luonteenomaisen hedelmällinen kaikilla inhimisillä asteilla.

Kun hän siis tahtoi hennoilla olkapäillään kantaa tehtäviä, joita kyky niille sälytti, ja kulkea pitkän matkan, tarvitsi hän siihen kipeästi kuria — ja kurihan onneksi oli hänen synnynnäinen perintöosansa isän puolelta. Nelikymmen-, viisikymmenvuotiaana, jopa jo siinä iässä, jolloin muut tuhlaavat aikaa, haaveilevat, siirtävät suurten suunnitelmien toteuttamisen huoleti tuonnemmaksi, hän aloitti päivänsä aikaisin, huuhteli rintansa ja selkänsä kylmällä vedellä ja tarjosi sitten, kaksi korkeaa hopeajalustaan pantua vahakynttilää käsikirjoituksen päässä, unen aikana kootut voimansa kahden kolmen aamutunnin intohimoisessa tunnontarkassa työssä uhrina taiteelle.

Oli anteeksiannettavaa, vieläpä se oikeastaan merkitsi hänen hyveellisyytensä voittoa, kun tietämättömät pitivät »Maja»-maailmaa tai niitä eepillisiä mittoja, joissa Fredrikin sankarielämä esitettiin, keskitetyn voiman ja pitkän henkäyksen synnyttäminä, vaikka niiden suuruus päinvastoin oli rakennettu pieninä päivätöinä lukemattomista erikoisinnoituksista ja ne vain sentakia olivat niin kauttaaltaan ja joka kohdaltaan erinomaisia, että niiden tekijä oli tahdonkestävyydellä ja sitkeydellä, sentapaisella, joka valloitti hänen kotimaakuntansa, elänyt vuosikausia saman teoksen jännityksen alaisena ja käyttänyt varsinaiseen luomiseen pelkästään voimakkaimmat Ja arvokkaimmat hetkensä.

Jotta huomattava hengentuote voisi heti tehdä laajan ja syvän vaikutuksen, täytyy olla salainen sukulaisuus, jopa yhtäpitäväisyys sen luojan oman kohtalon ja silloisen sukupolven yleisen kohtalon välillä. Ihmiset eivät tiedä, miksi he suovat mainetta jollekin taideteokselle. Ollen kaikkea muuta kuin tuntijoita he luulevat keksivänsä siitä satoja etuja voidakseen osoittaa tuntemansa voimakkaan mieltymyksen oikeutetuksi.

Mutta heidän suosionsa varsinaista syytä on mahdoton punnita; se on myötätuntoa. Aschenbach oli kerran vähemmän näkyvällä paikalla välittömästi sanonut, että melkein kaikki suuri, mitä oli olemassa, oli syntynyt kaikesta huolimatta, surun ja tuskan, köyhyyden, yksinäisyyden, ruumiillisen heikkouden, puheitten, intohimon ja tuhansien esteitten uhallakin. Mutta se oli enemmän kuin havainto, se oli omaa kokemusta, se oli suorastaan hänen elämänsä ja maineensa kaava, hänen teostensa avain, ja ihmekö siis, että se ilmeni myös hänen ihmeellisimpien henkilöillensä siveellisenä luonteena ja ulkonaisena käyttäytymisenä.

Siitä uudesta, monenmoisina yksilöllisinä ilmiöinä toistuvasta sankariesikuvasta, jota tämä kirjailija suosi, oli jo aikaisin eräs ymmärtäväinen erittelijä kirjoittanut, että se oli »älyllisen ja poikamaisen miehuuden» luonnos, »joka ylpeässä häveliäisyydessä puree hammasta ja seisoo rauhallisena, kun miekat ja keihäät lävistävät hänen ruumiinsa». Se oli kaunista, henkevää ja täsmällistä, huolimatta sen näköjään liian passiivisesta leimasta. Sillä elämänvaiheissa kestävä ryhti, tuskassa ilmenevä miellyttäväisyys ei ole vain kärsimystä, se on suoraa toimintaa, todellinen voitto, ja Sebastian-hahmo on, ellei yleensä niin ainakin puheena olevan taiteen ihanin vertauskuva.

Jos katsahti tähän sepitettyyn maailmaan, tuli siinä esille hieno itsehillintä, joka viime hetkeen asti peittää maailman silmiltä sisäisen onttoutumisen, biologisen rappeutumisen; kellertävä, aistillisesti osattomaksi jäänyt rumuus, jonka onnistuu saada kytevä kiihko syttymään puhtaaksi liekiksi, vieläpä kohota kauneuden valtakunnan hallitsijaksi; kalpea voimattomuus, joka hengen hehkuvista syvyyksistä hakee voimaa pakottamaan kokonaisen ylimielisen kansan ristin juurelle, *sen* jalkojen juurelle; miellyttävä ryhti muodon tyhjässä ja ankarassa palveluksessa; synnynnäisen petturin valheellinen, vaarallinen elämä ja hermoja nopeasti kuluttava kaipuu ja taito. Kun katseli kaikkia näitä kohtaloita ja vielä monta samantapaista, saattoi epäillä, olisiko yleensä muuta urhoollisuutta kuin heikkojen urhoollisuus. Mikähän sankarius olisikaan ajanmukaisempi kuin tämä?

Gustav Aschenbach oli kaikkien niiden runoilija, jotka tekevät työtä uupumuksen rajamailla, liiaksirasittuneiden, jo rikkiajettujen, vielä pystyssä pysyvien, kaikkien niiden työtä saarnaavien, jotka kitukasvuisina ja haurain välinein tahdonhaltioitumisen ja viisaan hoidon avulla voittavat itselleen ainakin joksikin aikaa suuruuden vaikutukset. Niitä on paljon, he ovat aikakauden sankareita. Ja kaikki he tunsivat itsensä hänen teoksessaan, tapasivat tunnustusta, koroitusta, ylistystä; he olivat hänelle kiitollisia, kuuluttivat hänen nimeään.

Hän oli ollut nuori ja hiomaton aikansa mukaisesti ja saatuaan siltä huonoja neuvoja julkisesti hairahtunut, erehtynyt, pannut itsensä alttiiksi, puheissaan ja teoksessaan rikkonut säädyllisyyden ja maltillisuuden lakia. Mutta hän oli voittanut arvon, jota tavoittamaan, kuten hän väitti, jokaisella suurella kyvyllä on luontainen, synnynnäinen kannustin, jopa voi sanoa, että koko hänen kehityksensä oli ollut tietoista ja uhmaavaa, kaikki epäilyn ja ivan esteet tieltään raivaavaa arvoonnousua.

Kuvauksen elävä, henkisesti höllä kouraantuntuvaisuus huvittaa poroporvarillisia joukkoja, mutta intohimoisen vääjäämättömään nuorisoon tehoo vain se, mikä on pulmallista. Ja Aschenbach harrasti pulmallista; hän oli ollut niin ehdoton kuin vain joku nuorukainen. Hän oli palvonut henkeä, harjoittanut tiedon ryöstöviljelystä, jauhanut siemenhedelmää, pannut alttiiksi salaisuuksia, tehnyt kyvyn epäiltäväksi, kavaltanut taiteen — vieläpä hän oli, samalla kun hänen kuvaavat teoksensa huvittivat, kohottivat, elähdyttivät uskoen nauttivia, nuorekkaana taiteilijana hurmannut kaksikymmenvuotiaita taiteen epäiltävästä olemuksesta ja itse taide-elämästä lausumillaan kyynillisillä väitteillä.

Mutta näyttää siltä, ettei jalo ja kelpo henki mistään nopeammin, perinpohjaisemmin tympeydy kuin tiedon terävästä ja katkerasta kiihoituksesta. Ja varmaa on, että nuorukaisen raskasmielinen, mitä tunnontarkin perusteellisuus merkitsee pinnallisuutta mestariksi varttuneen miehen syvällisen lopputuloksen rinnalla, kun hän kieltää tietämyksen, syrjäyttää sen ja kulkee pystyssä päin sen ohitse, mikäli se on omiaan vähimmässäkin määrässä lamauttamaan, herpaisemaan, alentamaan tehoa, tunnetta tai itse intohimoa.

Kuinka olisi kuuluisa kertomus »Kurjasta» selitettävä muuksi kuin inhon ilmaisuksi ajan säädytöntä psykologismia vastaan? Se ruumiillistuu tuossa kertomuksen veltossa ja arkisessa puoliroistossa, joka juonittelee itselleen kohtalon, ajamalla voimattomuudessaan, paheellisuudessaan, siveellisessä heikkoudessaan vaimonsa erään parrattoman syliin ja sisimmässään uskomalla saavansa tehdä arvottomia tekoja. Se sanan mahtipontisuus, jolla tässä kehno tuomittiin, ilmaisi, että torjuttiin moraalisen epäilijämielen kaikki kadotussurkuttelu ja kiellettiin veltto säälinilmaus, jonka mukaan kaiken ymmärtäminen tietää kaiken anteeksiantamista. Ja mitä tässä valmisteltiin, jopa jo tapahtuikin, se oli »uudestisyntyneen ennakkoluulottomuuden ihmettä», josta vähän myöhemmin eräässä tekijän kaksinpuhelussa painavasti ja jotenkin salaperäisesti korostamalla tuli puhe. Omituisia sattumuksia! Oliko tämän »uudestisyntymisen», tämän uuden arvon ja ankaruuden henkistä seurausta, että samaan aikaan havaittiin hänen kauneusaistinsa miltei tavaton vahventuminen, se muodon aatelinen puhtaus, yksinkertaisuus ja tasasuhta, joka siitä lähtien painoi hänen tuotantoonsa mestarillisuuden ja klassillisuuden täysin ilmeikkään ja harkitun leiman?

Mutta eikö hajoittavan ja toisaalta ehkäisevän tietämyksen rajojen ulkopuolella liikkuva siveellinen päättäväisyys merkitse jälleen maailman ja sielun siveellistä yksinkertaistumista ja myöskin siis vahvistumista pahaan, kiellettyyn ja siveellisesti mahdottomaan? Eikö muodolla ole kahdenlaiset kasvot? Ja eikö se yhtaikaa ole sekä siveellinen että epäsiveellinen — siveellinen kurin tuloksena ja ilmaisuna, mutta epäsiveellinen, jopa siveetön, mikäli se luonnostaan sisältää moraalisen välinpitämättömyyden, jopa oleellisesti pyrkii taivuttamaan moraalista ylpeän ja rajattoman valtikkansa alaisuuteen?

Olkoonpa sen laita kuinka tahansa! Kehitys on kohtaloa, ja eikö sellaisen kehityksen, jonka seuralaisena on laajan julkisuuden myötätunto ja joukkoluottamus, tule kulkea toista latua kuin sellaisen, joka täyttyy ilman maineen loistoa ja sitoumuksia? Vain ikuinen mustalaisuus pitää sitä ikävystyttävänä ja on altis pilkkaan, jos suuri kyky kasvaa vapaaksi kevytmielisestä nukkeasteesta, totuttautuu ottamaan ilmeikkäästi huomioon hengen arvoa ja omaksuu sen yksinäisyyden hovitavat, joka oli täynnä omintakeisia, ankaran itsenäisiä kärsimyksiä ja taisteluja ja kohotti sen ihmisten keskuudessa valtaan ja kunniaan. Kuinka paljon onkaan kyvyn itsemuovailussa leikkiä, uhmaa, nautintoa!

Eräänlaista virallisen kasvattavaa tuli ajanmittaan Gustav Aschenbachin esityksiin; hänen tyylistänsä hävisivät myöhempinä vuosina välitön rohkeus, ylevät ja uudet vivahdukset, hän muuttui mallikelpoisen vakaantuneeksi, hiotun perinnäiseksi, säilyttäväksi, muodolliseksi, jopa kaavamaiseksi, ja kuten muistotarina on tietävinään kertoa Ludvig XIV:stä, karkoitti vanheneva hallitsijapuhetavastaan kaikki alhaiset sanat.

Siihen aikaan tapahtui, että opetusviranomaiset panivat säädettyihin oppikirjoihin valittuja sivuja hänen teoksistaan. Se tyydytti häntä sisäisesti, ja kun muuan saksalainen ruhtinas juuri valtaistuimelle nousseena antoi »Fredrikin» runoilijalle, hänen täyttäessään viisikymmentä vuotta, henkilökohtaisen aatelisarvon, ei hän kieltäytynyt ottamasta sitä vastaan.

Muutamien levottomuusvuosien jälkeen, yritettyään pysähtyä milloin sinne, milloin tänne, hän valitsi jo varhain pysyväksi asuinpaikakseen Münchenin ja eleli siellä porvarillisessa kunnia-asemassa, jollainen erikoistapauksissa tulee henkisen kyvyn osaksi. Avioliiton, jonka hän solmi jo nuorena erään oppineen perheen tyttären kanssa, oli kuolema purkanut lyhyen onnenajan jälkeen. Hänelle oli jäänyt tytär, tämäkin jo aviovaimo. Poikaa hänellä ei ollut milloinkaan ollut.

Gustav von Aschenbach oli keskikokoa hieman pienempi, tummahko, sileäksi ajettu. Hänen päänsä näytti hiukan liian isolta hänen miltei sirotekoiseen vartaloonsa verrattuna. Hänen taaksepäin suorittu, päälaelta ohennut, ohimoilta hyvin tuuhea ja vahvasti harmaantunut tukkansa kehysti korkeata, uurteista ja ikäänkuin arpista otsaa. Kehyksettömien kultaisten silmälasien kaari pureutui lujan, jalosti kaarevan nenän juureen. Suu oli iso, usein veltto, usein äkkiä kapeneva ja tiukka. Posket olivat laihat ja vakoiset; hyvin kehittynyt leuka oli pehmeästi kaksijakoinen.

Melkoiset kohtalot näyttivät liitäneen tuon useimmiten kärsivästi sivulle painuneen pään yli. Ja kuitenkin oli juuri taide tässä saanut aikaan tuon ilmeiden muovailun, joka muutoin on raskaan, monivaiheisen elämän työtä.

Tämän otsan takana olivat syntyneet Voltairen ja kuninkaan väliset säkenöivät, sotaa koskevat vuorosanat, nämä silmät, väsähtäneinä ja syvinä silmälasien takaa katsellen, olivat nähneet seitsenvuotisen sodan sairaalojen verisen helvetin. Persoonalliseltakin kannalta taide on kohotettua elämää. Se onnellistuttaa syvemmin, kuluttaa nopeammin. Se painaa palvelijansa kasvoihin kuviteltujen ja henkisten seikkailujen jäljet ja kehittää, jopa ulkonaisen elämän luostarinkaltaisessa hiljaisuudessa, ajanoloon hermot hemmoitelluiksi, liikahienostuneiksi ja uteliaiksi, mitä irstailevien intohimojen ja nautintojen täyttämä elämä tuskin kykenee saamaan aikaan.

KOLMAS LUKU

Moninaiset maalliset ja kirjalliset puuhat pidättivät matkahaluista kirjailijaa Münchenissä vielä pari viikkoa mainitun kävelyretken jälkeen. Hän antoi lopulta määräyksen panna maatalonsa sellaiseen kuntoon, että sinne voisi muuttaa neljän viikon perästä, ja matkusti eräänä päivänä toukokuun loppupuolella yöjunassa Triestiin, jossa hän viipyi vain vuorokauden ajan ja astui seuraavana aamuna Polaan menevään laivaan.

Hän etsi nimenomaan vierasta ja eristettyä, minkä silti saattoi pian tavoittaa, ja valitsi senvuoksi olinpaikan eräästä joitakin vuosia sitten kuuluksi tulleesta, Istrian rannikon läheisestä Adrian saaresta, jossa asui värikkään ryysyistä, uppo-outoa kieltä puhuvaa maalaisväestöä ja jossa avoimen meren partaalla oli kauniisti lohkeilleita rantakallioita.

Mutta sade ja painostava ilma, poroporvarillinen, tyystin itävaltalainen hotelliseura ja se puute, ettei saanut sellaista rauhallisen läheistä suhdetta mereen, jonka vain lieto hiekkaranta tarjoaa, ikävystyttivät hänet eivätkä antaneet hänelle varmuutta siitä, että hän oli tullut kohtalon määräämään paikkaan.

Häntä huolestutti sisäinen halu päästä jonnekin, minne, siitä hän ei vielä ollut selvillä. Hän tarkasteli laivayhteyksiä, katseli etsien ympärilleen, ja äkkiä ilmestyi, yhtaikaa hämmästyttäen ja itsestään selvänä, päämäärä hänen silmiensä eteen. Jos yön halki tahtoi saavuttaa jotakin verratonta ja satumaisen erikoista, minne silloin lähdettiin? Mutta sehän oli selvä. Mitä hän täältä haki? Hän oli joutunut väärään paikkaan. Sinnehän hänen piti matkustaa.

Hän ei viivytellyt sanoessaan irti sopimattoman asunnon. Puolitoista viikkoa hänen tulonsa jälkeen kantoi nopea moottorivene hänet tavaroineen utuisena aamuvarhaisena veden halki takaisin sotasatamaan, jossa hän astui maihin vain noustakseen heti lautakäytävää pitkin erään laivan kostealle kannelle, ja sitten alkoi matka Venetsiaan.

Se oli iäkäs, kansallisuudeltaan italialainen alus, vanhentunut, nokinen ja synkkä. Laivan luolan omaisessa, keinotekoisesti valaistussa sisähytissä, jonne heti Aschenbachin astuttua laivaan muuan kyttyräselkäinen ja likainen merimies virnistävän kohteliaana opasti hänet, istui pöydän takana hattu vinossa silmillä ja sikarinpätkä suupielessä vanhanaikaisen sirkusjohtajan näköinen, pukinpartainen mies, joka irvistelevän kevein liikemieselein merkitsi paperille matkustavien henkilötiedot ja antoi heille liput.

»Venetsiaan!» toisti hän Aschenbachin pyynnön, ojentaen käsivartensa ja kastaen kynän vinosti seisovan mustepullon puuromaiseen lopputilkkaan. »Venetsiaan, ensimmäinen luokka! Jaha, ei sitten muuta, hyvä herra.»

Ja hän kirjoitti isoja harakanvarpaita ja ripoitti rasiasta kirjoitukselle sinistä hiekkaa, jonka hän antoi valua saviastiaan, taittoi keltaisin ja luisevin sormin paperin ja kirjoitti uudelleen.

»Onnellisesti valittu matkan päämäärä!» laverteli hän sitä tehdessään. »Ah, Venetsia! Ihana kaupunki! Kaupunki, joka vastustamattomasti vetää sivistynyttä ihmistä luoksensa sekä historiansa että nykyisten sulojensa vuoksi.»

Hänen liikkeittensä liukkaudessa ja niitä säestävässä tyhjässä puhelussa oli jotakin huumaavaa ja sekoittavaa, ikäänkuin hän olisi pelännyt, että matkustaja vielä viime hetkessä kavahtaisi päätöstään lähteä Venetsiaan. Hän otti rahat nopeasti ja heitti takaisin tulevat kolikot taitavasti kuin pelinhoitaja pöytää peittävälle tahraiselle liinalle.

»Paljon huvia, hyvä herra!» sanoi hän kumartaen kuin näyttelijä. »Minulle tuottaa kunniaa, kun olette liittynyt matkustajiini... Hyvät herrat!» huusi hän heti senjälkeen käsi koholla, ikäänkuin liike olisi vilkkaassa käynnissä, vaikka paikalla ei ollut enää ainoatakaan asiakasta. Aschenbach palasi kannelle.

Toinen käsi laivan rintasuojaa vasten nojattuna hän katseli joutilasta väkeä, jota vetelehti laiturilla laivan lähtöä odotellen, ja laivan matkustajia. Toi sen luokan matkustajat kyyristelivät etukannella käyttäen arkkuja ja myttyjä istuimina. Ensi kannen matkaseurana oli joukko nuorukaisia, nähtävästi kauppa-apulaisia Polasta, jotka hyväntuulisina olivat tekemässä yhteisiä huvimatkaa Italiaan. He pitivät aikamoista melua itsestään ja hankkeestaan, lörpöttelivät, imuroivat, nauttivat itsehyväisinä omasta elehtimisestään ja huusivat kaidepuun ylitse kumartuneina liukaskielisiä pilkkasanoja tovereilleen, jotka salkut kainalossa satamakatua pitkin olivat menossa liikkeisiinsä ja uhkailivat huvittelijoita kepeillään.

Muuan vaaleankeltaiseen, ylen muodikkaasti tehtyyn kesäasuun puettu mies, jolla oli punainen kaulanauha ja rohkeasti ylöspäin käännetty panamahattu, ylitti kaikki muut kirkuvan äänekkäällä iloisuudella. Mutta tuskin Aschenbach oli vähän tarkemmin silmäillyt häntä, kun hän puolittain, kauhistuneena huomasi, että mies oli valenuorukainen. Hän oli vanha, siitä ei ollut epäilystäkään. Silmät ja suu olivat ryppyjen reunustamat. Hento puna poskilla oli maalia, ruskea tukka värikäsnauhaisen olkihatun alla oli irtonainen, hänen kaulansa oli sisäänpainunut ja jänteinen, hänen pienet irtoviiksensä ja leukakärpänen olivat värjätyt, hänen keltainen ja täysilukuinen hammasrivinsä, jota hän nauraen näytteli, oli halpaa jäljittelyä, ja hänen kätensä, joissa oli sinettisormus kummassakin etusormessa, olivat vanhuksen kädet. Kauhistuneena Aschenbach katseli häntä ja tarkkaili hänen tapaansa seurustella ystäviensä kanssa. Eivätkö nuorukaiset tietäneet, eivätkö he huomanneet, että hän oli vanha, että hän piti väärin heidän keikarimaista ja värikästä pukuaan, esiintyi väärin heikäläisenä? Itsestään selvänä asiana ja tottumuksesta he, kuten näytti, sietivät häntä keskuudessaan, kohtelivat häntä kuin vertaistaan ja vastasivat vastenmielisyyttä ilmaisematta hänen lystikkäihin kylki-iskuihinsa. Kuinka se oli mahdollista?

Aschenbach peitti otsan kädellään ja sulki silmänsä, joita poltti, koska hän oli nukkunut liian vähän. Hänestä tuntui, ettei kaikki kulkenut tavallista latua, että satumaisen vieras ja vääntynyt maailma alkoi levitä kummallisuuden alalle, mikä kenties loppuisi, jos hän varjostaisi hieman kasvojaan ja silmäilisi jälleen ympärilleen. Mutta juuri siinä silmänräpäyksessä hän tunsi kuin uivansa, ja kun hän nosti katseensa järjettömän pelokkaasti, huomasi hän laivan raskaan ja synkän ruhon hitaasti irtaantuvan muuratusta rannasta. Tuuman kerrallaan, koneen työntäessä eteenpäin ja taaksepäin, leveni likaisen läikehtivä vesiraita laiturin ja laivankyljen välillä, ja kömpelösti liikehtien laiva käänsi kokkapuunsa aukeaa merta kohti. Aschenbach meni ylähangan puolelle, jonne kyttyräselkäinen oli asettanut hänelle lepotuolin ja jonne tahraiseen hännystakkiin puettu tarjoilija tuli kysymään hänen määräyksiään.

Taivas oli harmaa, tuuli kostea. Satama ja saaret olivat jääneet taakse, ja nopeasti hävisi utuisesta näköpiiristä maa kokonaan. Kosteuden liuottamla hiilihiutaleita putoili pestylle kannelle, joka ei ottanut kuivuakseen. Jo tunnin kuluttua levitettiin purjekatos, koska alkoi sataa.

Viittaansa kääriytyneenä, kirja sylissä, lepäili matkailija, ja tunnit kuluivat hänestä huomaamatta. Sade oli lakannut, liinakatos poistettiin. Näköpiiri oli täydellinen. Taivaan samean kupukaton alla levisi yltympäri aution meren suunnaton laatta. Mutta tyhjässä nivelettömässä avaruudessa puuttuu meiltä vaisto mitata aikaa, ja me häivymme mittaamattomuuteen. Varjomaisen kummallisia olioita, vanha keikari, laivaruuman pukinpartainen mies liikkuivat epämääräisin elein ja sekavin unipuhein lepäävän aivoissa, ja hän nukahti.

Puolipäivän aikaan hänet käskettiin pitoihin käytävän tapaiseen ruokasaliin, josta ovet johtivat makuukojuihin ja jossa pitkän pöydän alapäässä — hän aterioi sen yläpäässä — liikeapulaiset ynnä vanhus olivat kello kymmenestä alkaen kilistelleet iloisen kapteenin kanssa. Ateria oli viheliäinen, ja hän lopetti sen nopeasti. Hän halusi ulkoilmaan, katsomaan taivasta, näyttäisikö se kirkastuvan Venetsiassa päin.

Hän ei voinut kuvitella muuta kuin että näin tapahtuisi, sillä kaupunki oli ottanut hänet aina loistavana vastaan. Mutta taivas ja meri olivat yhä sameat ja lyijynväriset, ajoittain putoili sumuista sadetta, ja hän mukautui ajatukseen, että vesitietä tullen tapaisi Venetsian toisenlaisena kuin lähestyessään sitä aikaisemmin maitse.

Hän seisoi keulamaston luona, katse etäisyyteen tähdättynä, odottaen maata. Hän ajatteli sitä surumielisen innostunutta runoilijaa, jolle muinoin näistä aalloista olivat nousseet hänen unelmansa kupukatot ja kellontornit; hän toisti hiljaa mielessään jotakin siitä, mistä silloin oli kunnioituksen, onnen ja surun innoittamana syntynyt hillitty laulu, ja jo kuvatun tunteen vaivattomasti liikuttamana hän tarkasteli vakavaa ja väsynyttä sydäntään todetakseen, olisiko kulkevalle tyhjäntoimittajalle ehkä vielä suotu uusi innostus ja hämmennys, tunteen myöhäinen seikkailu.

Silloin sukeltautui oikealta esille laakea rannikko, kalastajaveneet vilkastuttivat meren, kylpysaari tuli näkyviin, laiva jätti sen vasemmalle puolelleen ja liukui, kulku hidastettuna, sen kapean väylän läpi, joka on saanut nimensä saaren mukaan, ja laguuneilla, kirjavan viheliäisten asuntojen edessä, se pysähtyi vallan, koska täytyi odottaa terveydenhoitotarkastajien alusta.

Kului tunti, ennenkuin se näkyi. Oli tultu perille eikä kuitenkaan oltu perillä; ei ollut kiirettä, ja kuitenkin oltiin levottomuuden ahdistamia. Nuoret polalaiset, isänmaallisessa mielentilassa ehkä hyvinkin sen torvisoiton johdosta, jonka äänet kantautuivat veden yli yleisten puutarhojen taholta, olivat tulleet kannelle ja kuohuviinin innoittamina huusivat eläköötä vastapäätä rannalla aseharjoituksia pitäville ratsumiehille.

Mutta oli vastenmielistä nähdä, millaiseen tilaan nuorison kanssa harjoitettu väärä veljeily oli saattanut tuon pyntätyn ukon. Hänen vanhat aivonsa eivät olleet nuorten tukevien aivojen lailla kyenneet kestämään viinin vaikutusta. Hän oli surkuteltavasti päihdyksissä. Katse tylsänä, savuke hytisevissä hyppysissä hän huojui paikalla vaivaloisesti tasapainoa tapaillen, humaltuneessa tilassaan eteen- ja taaksepäin kuukahtamaisillaan. Koska hän olisi ensi askeleella kompastunut, ei hän uskaltanut liikkua paikaltaan, mutta ilmaisi silti säälittävää uhkamieltä, tarttui jokaiseen häntä lähestyvään kiinni takinnapista, lallatti, siristeli, hihitti, kohotti sormuskoristeisen kurttuisen etusormensa typerään härnäilyyn ja nuoli inhoittavan kaksimielisellä tavalla kielenkärjellä suupieliään.

Aschenbach katseli häntä synkännäköisenä, ja jälleen häneen tuli pyörryttävä aistimus, ikäänkuin maailma osoittaisi kevyttä, kuitenkin hillitöntä taipumusta vääntyä kummallisen ja hirviömäisen muotoon — aistimus, jonka valtaan olosuhteet tosin pidättivät häntä antautumasta, koska juuri silloin kone alkoi uudelleen jyskyttäen käydä ja laiva jatkoi jälleen niin lähellä päämäärää keskeytynyttä kulkuansa San Marcon kanavassa.

Näin hän siis jälleen näki tuon hämmästyttävimmän maihinnousupaikan, tuon haaveellisen rakennustyön loistavan yhdistelmän, jonka tasavalta oli pannut lähestyvien merenkulkijoiden kunnioittavien katseitten eteen, palatsin keveän ihanuuden ja huokaustensillan rantapatsaat jalopeuroineen ja pyhimyksilleen, satutemppelin komeasti näkyvän sivustan, läpikatsauksen porttikäytävään ja jättiläiskellolle, ja tätä katsellessaan hän mietti, että saapuminen maitse Venetsian asemalle merkitsi astumista palatsiin takaoven kautta ja ettei tähän kaupungeista epätodellisimpaan sopisi saapua muuta tietä kuin mitä hän nyt tuli, laivalla, aavan meren yli.

Kone pysähtyi, gondolit tunkeilivat lähettyvillä, köysitikkaat laskettiin alas; laivaan astui tullivirkamiehiä, jotka toimittivat tehtävänsä pintapuolisesti. Laivan purkaminen saattoi alkaa. Aschenbach ilmoitti, että hän halusi gondolin viemään hänet tavaroineen sille paikalle, mistä Lidon ja kaupungin väliä kulkevat pienet laivat lähtivät, sillä hän aikoi jäädä asumaan meren rannalle.

Hänen hankkeensa hyväksytään, hänen toivomuksensa huudetaan alas vedenpinnalle, missä gondolinkuljettajat murteitansa puhuen torailevat keskenään. Hän on yhä estetty astumasta alas; hänen matka-arkkunsa, jota paraikaa vaivalla kiskotaan tikapuuntapaisia portaita alas, estää sen. Niinpä hänen on mahdoton muutamaan minuuttiin välttää pöyristyttävän ukon tunkeilevaisuutta, kun tämä päihtymistilassaan hämärästi innostuu lausumaan jäähyväiskohteliaisuuksia vieraalle.

»Toivomme mitä onnellisinta oleskelua», mäkättää ukko ja raapaisee jalallaan. »Suosittelemme itsestämme hyvää muistoa! *Au revoir, excusez* ja *bon jour*, teidän ylhäisyytenne!» Hänen suunsa vetistelee, hän iskee silmää, hän nuolee suupieliään ja hänen ukonhuultaan koristava värjätty partakärpänen harittaa pystyyn. »Tervehdyksemme», lallattaa hän, vieden kaksi sormenpäätä suulleen, »tervehdyksemme rakastetulle, kaikkein rakkaimmalle, kauneimmalle rakastetulle». Ja äkkiä putoavat hänen yläleukansa tekohampaat alahuulelle. Aschenbach pääsee vihdoin pakoon. »Rakastetulle, hienolle rakastetulle», kuulee hän vielä takanaan lausuttavan kuhertavalla, ontolla ja epäselvällä äänellä, kun hän köysikaiteesta kiinnipidellen kapuaa alas laskutikkaita myöten.

Kukapa ei olisi tuntenut hetkellistä kauhua, kellä ei olisi ollut taisteltavana salaista arkuutta ja ahdistusta vastaan, kun piti ensi kerran tai pitkäaikaisen vieraantumisen jälkeen astua venetsialaiseen gondoliin?

Ballaadikausilta muuttumattomana meille säilynyt kummallinen kulkuneuvo, niin omituisen musta kuin vain muutoin ruumisarkut ovat — se muistuttaa hiljaa liputtavassa yössä koettuja äänettömiä ja rikollisia seikkailuja, se muistuttaa vielä enemmän kuolemaa itseään, paareja sekä synkkiä hautajaisia ja viimeistä hiljaista matkaa. Ja onko huomattu, että tuollaisen aluksen istuin, arkunmustaksi kirjoitettu, himmeänmustaksi päällystetty nojatuoli on maailman pehmein, upein, veltostuttavin sija? Aschenbach huomasi sen istahdettuaan melojan jalkojen juureen vastapäätä matkatavaroitaan, jotka lojuivat siististi kokassa.

Soutajat kinastelivat yhä, karkeasti, käsittämättömin sanoin, uhkaavasti elehtien. Mutta vesikaupungin erikoinen hiljaisuus tuntui ottavan lempeästi vastaan heidän äänensä, tekevän ne ruumiittomiksi, hajoittavan ne aallokon yli.

Täällä satamassa oli lämmintä. Shirokko-tuulen lauhasti kasvoja hivellessä, myötäävän aallokon pinnalla keinahdellen, pieluksiin nojaten matkamies ummisti silmänsä ja nautti täysin siemauksin yhtä oudosta kuin suloisesta joutenolosta. Matkasta tulee lyhyt, tuumi hän; kunpa se kestäisi iäti! Keveässä keinahtelussa hän tunsi loittonevansa tungoksesta, äänten hälystä.

Kuinka hiljaiseksi ja yhä hiljaisemmaksi kävi hänen ympärillään! Mitään muuta ei kuulunut kuin soutajan melan loiske, aaltojen kumea pärskähtely vasten veneen kokkaa, joka pystypäisenä, mustana ja kärjestään hellebardin tapaiseksi muovailtuna kohosi vedestä, ja lisäksi kolmantena äänenä pulleina, jupinaa — melojan kuiskattua, kun hän hampaitten välistä jutteli itsekseen sysäyksittäin, äännähdyksin, jotka hänen käsivarsiansa työskentely pusersi esiin.

Aschenbach nosti katseensa ja huomasi lievästi kummastuneena, että laguuni laajeni hänen ympärillään ja että hänen kulkunsa oli suunnattu avomerelle päin. Näytti siis siltä, ettei hän saisi lepäillä liian paljon, vaan hänen tulisi hieman huolehtia myöskin tahtonsa täytäntöönpanosta.

»Höyrylaivalaiturille siis», sanoi hän kääntyen puoleksi taaksepäin.

Jupina taukosi. Hänelle ei vastattu.

»Höyrylaivalaiturille siis», toisti hän ja kääntyi kokonaan ja katsahti melojaan, joka hänen takanaan korokelaudalla seisten kohosi vaaleaa taivasta vasten. Se oli tylynnäköinen, jopa raakailmeinen mies, yllään merimiehen sininen asu, jossa oli keltainen vyö ja päässä korskeasti kallelleen työnnetty muodoton olkihattu, jonka punonta oli hajoamaisillaan. Hänen kasvojensa muoto, hänen vaaleat kähärät viiksensä lyhyen nykerönenän alla eivät ollenkaan osoittaneet italialaista syntyperää. Vaikka hän olikin ruumiinrakenteeltaan hintelä, niin ettei häntä olisi luullut ammatissaan erikoisen taitavaksi, käytteli hän melaa varsin tarmokkaasti, keskittäen jokaiseen vetäisyyn kaikki ruumiinvoimat. Pari kertaa hänen huulensa ponnistelusta vetäytyivät syrjään, niin että valkoiset hampaat paljastuivat. Punertavat kulmakarvat kurtussa hän katsoi vieraan ohi vastatessaan jyrkällä, melkein karkealla äänellä:

»Te menette Lidoon.»

Aschenbach vastasi:

»Niinpä kyllä. Mutta olen ottanut gondolin vain viemään minut San Marcon rannalle. Haluan matkustaa kanavalaivalla.»

»Ette voi matkustaa kanavalaivalla, hyvä herra.»

»Entä miksi en?»

»Koska kanavalaiva ei kuljeta matkatavaroita.» Se oli totta — Aschenbach muisti sen. Hän oli vaiti. Mutta miehen jyrkkä, ylimielinen esiintyminen, joka niin tuiki vähän vastasi maan tapaa, vaikutti sietämättömällä. Hän sanoi:

»Se on minun asiani. Ehkä haluan antaa tavarani säilytettäväksi. Teidän on käännyttävä.»

Tuli äänettömyys. Mela läiskähteli, vesi löi kumeasti keulaan. Ja puhelu ja jupina alkoi jälleen. Meloja puheli itsekseen hampaitten välitse.

Mitä oli tehtävä? Yksin aalloilla oudosti omavaltaisen, kammottavan päättäväisen miehen seurassa, matkamies ei keksinyt keinoa, kuinka toteuttaisi tahtonsa. Kuinka pehmeästi hän voisikaan lepäillä, ellei kiihdyttäisi itseään! Eikö hän ollut toivonut matkan kestävän kauan, ikuisesti? Järkevintä oli antaa asioiden mennä omaa latuaan, se oli tosiasiallisesti mitä miellyttävintä.

Hänen istuimensa, matala musta täytetty nojatuoli, tuntui uhkuvan laiskuuden lumoa, kun se keinahteli keveästi hänen selkänsä takana seisovan itsepintaisen melojan työnnöistä. Aschenbachin mielessä väikkyi eräänlaisena unikuvana ajatus, että hän oli joutunut rikollisen käsiin — kykenemättä kehittämään ajatuksiaan teoksi puhkeavaan puolustukseen. Vielä ikävämmältä tuntui mahdollisuus, että kaikki oli alhaisen rahansaalistuksen suunnittelua. Eräänlainen velvollisuudentunne tai ylpeys, mieleenjohtuma, että se oli ehkäistävä, sai hänet vielä kerran ponnistautumaan. Hän kysyi:

»Paljonko vaaditte matkasta?»

Ja katsoen hänen ohitseen meloja vastasi:

»Te kyllä maksatte.»

Oli selvää, mitä tähän oli vastattava. Aschenbach sanoi koneellisesti:

»En maksa mitään, en kerrassaan mitään, jos viette minut, minne en tahdo.»

»Te aiotte Lidoon.»

»Mutta en teidän kanssanne.»

»Minä kuljetan teitä hyvin.»

Se on totta, tuumi Aschenbach ja pysyi vaiti. Se on totta, sinä kuljetat minua hyvin. Vaikka, arvattuasi käyttövarani, lähettäisit minut salakavalasti melaniskulla Hadekseen, olet kuljettanut minua hyvin.

Mutta mitään sensuuntaista ei tapahtunut. Vieläpä saapui seuraa, veneellinen kiertäviä soittoniekkoja, miehiä ja naisia, jotka lauloivat kitaran ja mandolinin säestyksellä tunkeilevasti pysytellen gondolin kyljessä ja täyttäen veden hiljaisuuden voitonhimoisella vieraalla runoudellaan. Aschenbach viskasi rahaa esille työnnettyyn hattuun. Joukko vaikeni silloin ja souti paikalta. Ja melojan kuiskailu alkoi taas kuulua, kun hän puheli itsekseen sysäyksittäin ja hajanaisesti.

Niin sitten päästiin perille kaupunkiin päin menossa olevan höyrylaivan vanaveden keinuttamana. Kaksi kunnallisvirkamiestä käveli rannalla edestakaisin kädet selän takana ja katse laguuniin päin suunnattuna. Aschenbach nousi gondolista sillalle vanhuksen avulla, joka iskuhakoineen on saapuvilla jokaisessa venetsialaisessa maihinnousupaikassa, ja kun häneltä uupui pientä rahaa, meni hän laivasillan naapurissa olevaan hotelliin vaihtamaan rahaa maksaakseen melojalle oman harkintansa mukaan. Hän sai asiansa toimitetuksi hotellin eteisessä, tuli takaisin, löysi matkatavaransa laiturilla olevista työntörattaista, mutta gondoli ja sen kuljettaja olivat hävinneet.

»Hän livisti tiehensä», sanoi iskuhakaa pitelevä vanhus. »Huono mies, mies ilman toimilupaa, armollinen herra. Hän on ainoa meloja, jolla ei ole toimilupa. Toiset ovat ilmoittaneet tänne puhelimitse. Hän näki, että häntä odotettiin. Silloin hän livisti tiehensä.»

Aschenbach kohautti olkapäitänsä.

»Herra on kulkenut ilmaiseksi», jatkoi vanhus ja työnsi hattunsa esille. Aschenbach viskasi siihen jonkun kolikon. Hän antoi määräyksen viedä matkatavaransa kylpylän hotelliin ja seurasi työntörattaita puistokujaa, valkoisena kukkivaa puistokujaa pitkin, joka kulkee vinosti saaren poikki rannalle ja jonka molemmilla puolilla on ravintoloita, myymälöitä ja täysihoitoloita.

Hän saapui laajaan hotelliin takaoven kautta puutarhapengermältä käsin ja meni eteisen ja etuhuoneen kautta konttoriin. Kun hän oli ilmoittautunut, otettiin hänet vastaan avuliaan hyväksyvästi. Hovimestari, pieni, hiljainen, imartelevan kohtelias mies, jolla oli mustat viikset ja ranskalaiseen malliin tehty pitkätakki, saattoi hänet hissillä toiseen kerrokseen ja opasti hänet miellyttävään huoneeseen, jossa oli kirsikkapuinen kalusto ja joka oli koristettu voimakastuoksuisilla kultilla; korkeista ikkunoista oli näköala aavalle merelle.

Kun hotellin toimihenkilö oli vetäytynyt pois, astui hän ikkunan luo, ja sillaikaa kun hänen takanaan tuotiin matkatavaroita sisään ja sijoitettiin huoneeseen, katseli hän iltapäiväisen tyhjää rantaa ja auringotonta merta, joka eli nousuveden aikaa ja lähetteli matalia, venytettyjä aaltoja rauhallisessa tasatahdissa rantaa vasten.

Yksinäismykällä ovat huomiot ja tapahtumat samalla kertaa epäselvempiä ja tehokkaampia kuin seuranhaluisella; hänen ajatuksensa ovat raskaammat, kummallisemmat eivätkä koskaan vailla surumielisyyden vivahdusta. Kuvat ja havainnot, jotka olisi voinut keveästi karistaa katseella, naurahduksella, mielipiteiden vaihdolla, vaivaavat häntä kohtuuttomasti, syventyvät äänettömyydessä, käyvät merkitseviksi, elämykseksi, seikkailuksi, tunteeksi. Yksinäisyys kypsyttää omintakeista, rohkeasti ja vieroittavasti kaunista; siitä lähtee runo. Mutta se kypsyttää myöskin nurinkurista, suhteetonta, järjetöntä ja luvatonta.

Niinpä kiusasivat tulomatkan ilmiöt, kauhea vanha, rakastetusta loruileva keikari, luvattomasti ammattiaan harjoittava, palkkionsa menettänyt gondolinkuljettaja, yhä vielä matkamiehen mieltä. Tuottamatta järjelle vaikeuksia, antamatta varsinaisesti aihetta mietiskelyyn, ne olivat kuitenkin peräti kummallisen luontoisia, kuten hänestä tuntui, ja ehkä juuri tämän vastakohdan vuoksi omiaan herättämään levottomuutta. Näiden ajatusten välillä hän tervehti silmillään merta ja tunsi iloa tietoisuudesta, että Venetsia oli niin helposti saavutettavan lähellä.

Vihdoin hän kääntyi, huuhtoi kasvonsa, antoi siivoojattarelle mukavuutta täydentäviä määräyksiä ja salli hissiä hoitavan viheriäpukuisen sveitsiläisen viedä itsensä alakertaan.

Hän joi teensä merenpuolisella parvekkeella, läksi sitten ulos ja käveli sitten rantakatua pitkin hyvän matkaa hotelli Excelsioriin päin. Hänen palatessaan näytti jo olevan aika muuttaa pukua illallista varten. Hän teki sen hitaasti ja huolellisesti tapansa mukaan, koska oli tottunut panemaan työtä pukeutumiseensa, ja saapui sittenkin vähän liian aikaisin halliin, jossa hän tapasi suuren osan hotellin asukkaista toisilleen vieraina ja näytellen molemminpuolista välinpitämättömyyttä, mutta yhteisesti ateriaa odottamassa. Hän otti pöydältä sanomalehden, vaipui erääseen nahkatuoliin ja katseli seuruetta, joka erosi miellyttävällä tavalla hänen aikaisemman käyntinsä aikana täällä majailleesta joukosta.

Avara, kärsivällisesti monenlaista itseensä sulkeva näköpiiri avautui hänen eteensä. Hillitysti sekoittuivat suurten kielten äänet toisiinsa. Kautta maailman hyväksytty iltapuku, eräänlainen sivistyksen univormu, liitti ulkonaisesti inhimillisen eri muunnokset säädylliseksi kokonaisuudeksi. Nähtiin amerikkalaisen kuivat ja pitkät kasvot, monipäinen venäläinen perhe, englantilaisia naisia, saksalaisia lapsia ranskalaisine hoitajattarineen. Slaavilainen aines näytti olevan lukuisin. Lähimpänä häntä puhuttiin puolaa.

Siinä oli joukko puolikasvuisia ja tuskin aikuisiksi päässeitä, opettajattaren tai seuranaisen huollon alaisia, jotka olivat kokoontuneet pienen ruokopöydän ympärille. Kolme nuorta tyttöä, viisitoista-, kuusitoistavuotiaita, kuten näytti, ja noin nelitoistavuotias pitkätukkainen poika. Hämmästyksekseen Aschenbach huomasi, että poika oli täydellisen kaunis. Hänen kalpeat ja suloisen umpimieliset, hunajavärisen tukan kehystämät kasvonsa, suorasti viettävä nenänsä, ihastuttava suunsa, kasvojen viehättävä ja jumalallinen vakavuus muistuttivat jaloimman ajan kreikkalaista kuvanveistosta, ja muodon puhtaamman täydellisyyden ohella oli hänessä jotakin niin ainutlaatuista yksilöllistä viehkeyttä, että katselija ei luullut tavanneensa luonnossa tai kuvaavassa taiteessa mitään yhtä onnistunutta.

Erikoisesti herätti huomiota selvästi periaatteellinen vastakohta niiden kasvatusopillisten näkökohtien välillä, joiden mukaan sisarukset olivat puetut ja kuinka heitä muuten kohdeltiin. Mainittujen kolmen tytön ulkoasu — vanhinta heistä voi jo pitää aikuisena — oli rumentavan karkea ja siveä. Samanlainen luostarimainen, liuskakivenvärinen puolipitkä, arkinen ja tahallisen rumentavaa kuosia oleva puku, valkoinen kääntökaulus ainoana valopilkkuna, painoi ja ehkäisi vartalon joustavuutta. Sileästi ja piukasti päähän liimattu tukka sai kasvot näyttämään nunnamaisen tyhjiltä ja mitään sanomattomilta.

Tässä tosiaankin hallitsi äiti, eikä hän edes ajatellut sovelluttaa poikaan sitä kasvatusopillista ankaruutta, joka näytti olevan hänellä synnynnäinen, mikäli oli puhe tyttäristä. Pehmeys ja hentous määräsivät ilmeisesti pojan elämänsisällön. Oli varottu kajoamasta saksilla hänen kauniiseen tukkaansa; se kiertyi hänen otsalleen, korvien yli ja syvälle niskaan. Englantilainen meripojanpuku, jonka puuhkahihat suippenivat suupuoleltaan ja tuskin peittivät hänen vielä lapsekkaiden, mutta kapeiden käsiensä hienoja jäseniä, painoi nauhoilleen, silmuilleen ja kirjailuineen hänen hentoon vartaloonsa rikkaan ja ylhäisen leiman.

Poika istui sivuittain tarkastelijaan päin, mustan kiiltonahkakengän peittämä jalka toisen edessä, kyynärpää korituolin laitaan nojaten, poski nyrkkiin puristetun käden varassa, sulavassa asennossa, eikä hänessä lainkaan ollut sitä melkein orjamaisen jäykkyyden piirrettä, joka tuntui olevan luontainen hänen sisaruksissaan. Oliko hän sairas? Sillä hänen kasvojensa hipiä erottui norsunluun valkoisena niitä kaartavien kiharoitten kultaisesta tummuudesta. Vai oliko hän yksinkertaisesti hemmoiteltu lemmikkilapsi, puolueellisen ja oikullisen rakkauden valvatti? Aschenbach oli taipuvainen pitämään tätä todenmukaisena. Miltei jokaisella taiteilijaluonteella on synnynnäisenä vuolas ja pettävä halu tunnustaa kauneutta luova epäoikeudenmukaisuus ja osoittaa sääliä ja kunnioitusta aristokraattiselle etuoikeudelle.

Tarjoilija kävi ilmoittamassa englanniksi, että ateria oli valmis. Vähitellen vierasjoukko katosi ruokasalin lasiovesta sisään. Eteisestä ja hisseistä saapui myöhästyneitä. Sisällä oli jo aloitettu tarjoilu, mutta nuoret puolalaiset viivyttelivät yhä ruokopöytänsä ympärillä, ja syvässä nojatuolissaan mukavasti lojuva ja muutenkin edessään olevaa kaunista ihaileva Aschenbach odotteli heidän kanssaan.

Kotiopettajatar, pieni lihavahko, punakkakasvoinen nainen, teki lopulta eleen noustakseen. Kulmakarvat koholla hän työnsi tuolinsa taaksepäin ja kumarsi, kun muuan kookas, harmaisiin pukeutunut ja runsain helmin somistautunut rouva astui halliin. Tämän rouvan ryhdissä oli jotakin viileää ja harkittua; hänen lievästi jauhoitetun tukkansa järjestelyssä ja puvun kuosissa oli sitä yksinkertaisuutta, joka kaikkialla, missä hurskaus pätee ylhäisyyden perustana, määrää makusuunnan. Hän olisi voinut olla jonkun korkea-arvoisen saksalaisen virkamiehen vaimo. Jotakin haavemaisen loisteliasta tuli hänen olemukseensa jo yksistään hänen korujensa mukana, jotka tosiaankin tuskin olivat arvioitavissa ja joihin kuuluivat korvakellukkaat sekä kolminkertainen, hyvin pitkä kaulanauha isoja, heikosti hohtavia helmiä.

Sisarukset olivat äkkiä nousseet. He kumartuivat suutelemaan kädelle äitiänsä, jonka hoidetuilla, mutta hieman väsyneiltä ja terävänenäisiltä näyttävillä kasvoilla väikkyi pidättyvä hymy ja joka katseli heidän päittensä ohitse puhuessaan ranskaksi muutaman sanan kotiopettajattarelle. Sitten hän astui lasiovelle. Sisarukset seurasivat häntä: tytöt rivissä iän mukaan, sitten kotiopettajatar ja viimeisenä poika. Jostakin syystä tämä kääntyi, ennenkuin astui kynnyksen yli, ja kun ei ketään muuta enää ollut hallissa, kohtasivat hänen kummallisen utuisen harmaat silmänsä Aschenbachin, joka sanomalehti polvillaan tuijotti joukon jälkeen.

Mitä hän oli nähnyt, ei varmaankaan ollut yksityiskohdissaan huomiota herättävää. Ei ollut käyty aterialle ennen äidin tuloa, vaan oli odotettu, tervehditty äitiä kunnioittavasti ja ruokasaliin mentäessä noudatettu yleisiä tapoja. Mutta kaikki tuo oli tehty niin selvästi, siinä oli ollut sellainen kurin, velvollisuuden ja itsekunnioituksen leima, että Aschenbach tunsi itsensä kummallisen liikutetuksi. Hän viivytteli vielä jonkun hetken mennäkseen sitten hänkin puolestaan ruokasaliin. Siellä hänelle osoitettiin pieni pöytä, jonka hän tuokioksi pahoittelua tuntien totesi olevan kovin kaukana puolalaisen perheen pöydästä.

Väsyneenä ja kuitenkin henkisesti vireänä hän huvitteli pitkäveteisen aterian aikana aineettomilla ja yliaistillisilla asioilla, mietti sitä salaperäistä liittoa, joka lainmukaisen ja yksilöllisen oli keskenään solmittava, jotta syntyisi inhimillinen kauneus, ja johtui siitä ajattelemaan muodon ja taiteen yleisiä pulmia, huomaten lopulta, että hänen ajatuksensa ja keksintönsä olivat samantapaisia kuin jotkut näennäisesti onnelliset unen vaikutelmat, jotka hereillä ollen osoittautuvat täysin tyhjiksi ja kelvottomiksi.

Aterian jälkeen hän oleili iltatuoksuisessa puistossa polttaen, istuen ja kävellen, meni aikaisin levolle ja vietti yön kestävän syvässä, mutta moninaisten unikuvien elävöittämässä unessa.

Ilma ei seuraavana päivänä muuttunut suotuisammaksi. Kävi maatuuli. Hallavan pilvisen taivaan alla lepäsi meri tylsässä levossa, samalla kutistuneena, taivaanranta arkisen lähellä ja rannasta niin etäälle paenneena, että se paljasti monta riviä hiekkasärkkiä. Kun Aschenbach avasi ikkunan, luuli hän tuntevansa laguunien pahentuneen hajun.

Apea mieliala valtasi hänet. Jo tällä hetkellä hän mietti paluumatkaa. Kerran, vuosia sitten, oli lämpimien kevätviikkojen jälkeen tällainen ilma häntä koetellut ja vahingoittanut hänen vointiaan siinä määrin, että hänen oli täytynyt jättää Venetsia pakolaisen tavoin. Eikö nyt jo tuntunut tuo silloinen kuumeinen haluttomuus ja paine ohimoissa ja silmäluomien raskaus? Vielä kerran muuttaa oleskelupaikkaa olisi vaivaloista, mutta ellei tuuli kääntyisi, ei hän voisi jäädä tänne. Varmuuden vuoksi hän ei purkanut kaikkia tavaroitaan. Kello yhdeksän hän söi aamiaista sitä varten varatussa tarjoiluhuoneessa hallin ja ruokasalin välissä.

Huoneessa vallitsi se juhlallinen hiljaisuus, joka on suurten hotellien kunnia-asia. Palvelevat tarjoilijat liikkuivat kevein anturoin. Teekaluston kolina, puoleksi kuiskattu sana oli kaikki, mitä saattoi kuulla. Eräässä nurkassa vinosti ovea vastapäätä ja kahden pöydän päässä hänestä huomasi Aschenbach puolalaiset tytöt kotiopettajattarineen. Kovin suoraselkäisinä, tuhanvaalea tukka juurikaan suorittuna ja silmät punoittavina, jäykissä sinipellavaisissa puvuissa, joissa oli valkoinen kääntökaulus ja kalvosimet, he istuivat siinä ja ojentelivat toisilleen hilloastiaa. He olivat melkein lopettaneet aamiaisensa. Poika puuttui.

Aschenbach hymyili. No, pikku faiakialainen! tuumi hän. Sinulla näyttää olevan näiden rinnalla etuoikeus nauttia mielin määrin nukkumisesta. Ja äkkiä ilostuen hän lausui itsekseen säkeen:

»Taas korut uudet sai levon, kylvyn lämpimän jälkeen.»

Hän söi aamiaista kiirettä pitämättä, otti ovenvartijalta, joka tuli huoneeseen kaluunakoristeinen lakki kädessä, jälkeensä lähetetyn postin ja avasi savuketta polttaen pari kirjettä. Näin tapahtui, että hän vielä oli läsnä, kun saapui unikeko, jota tuolla toisessa pöydässä odotettiin.

Poika tuli lasiovesta ja meni hiljaisuuden vallitessa vinosti huoneen läpi sisariensa pöydän luo. Hänen käynnissään, sekä yläruumiin ryhdissä että polvien liikunnassa ja valkeakenkäisen jalan astunnassa, oli jotakin erikoista suloa, hyvin kepeää, yhtaikaa arkaa ja ylpeää ja lisäksi sen lapsellisen kainouden kaunistamaa, jolla hän mennessään kääntäen päänsä saliin päin kahdesti nosti silmänsä ja loi ne alas. Hymyillen, lausuen puoliääneen sanan pehmeällä, epäselvällä kielellään hän asettui paikalleen, ja varsinkin nyt, kun hän käänsi kasvojensa piirteet sivulta päin nähtäviksi, katselija hämmästyi uudelleen, jopa pelästyi tuon ihmislapsen todella jumalankaltaista kauneutta. Hänen yllään oli tänään sini- ja valkoraitainen, pesukankainen puseropuku, jonka rinnassa oli punasilkkinen silmukka ja kaulassa yksinkertainen valkoinen pystykaulus. Mutta tällä kauluksella, joka ei erikoisen hienonakaan ottanut sopiakseen puvun laatuun, lepäsi verrattoman viehkeänä pään kukkeus — marmorin kellertävään emaljiin muovailtu Eroksen pää hienoine ja vakavine kulmakarvoineen', ohimot ja korvat suorakulmaisesti esiintyöntyvän hiuskiehkuran tummasti ja pehmeästi peittäminä.

Hyvä, hyvä! myönsi Aschenbach asiantuntijan viileään tapaan, kuten taiteilijat joskus taideteoksesta ilmaisevat ihastuksensa, hurmionsa. Ja hän tuumi edelleen: Totisesti, elleivät meri ja ranta odottaisi minua, jäisin tänne niin kauaksi kuin sinä olet täällä!

Mutta sitten hän lähti, astui hotellin henkilökunnan tarkkaillessa hallin poikki, isoa pengertä alas, suoraan lautasillan yli hotellin vieraille aidattuun rantaosaan. Hän käski avojalkaisen vanhuksen, joka yllään aivinahousut, meripojan pusero ja päässään olkihattu puuhaili alhaalla kylpymestarina, näyttää vuokratun rantakojun, sijoitutti pöydän ja nojatuolin hiekkaiselle lautakorokkeelle ja asettautui mukavasti lepotuoliin, jonka oli kuljetuttanut meren partaalle, vahankeltaiselle hiekalle.

Rantakuva, suruttoman aistillisesti nauttivan kulttuurin tarkkailu luonnonvoimien ääressä, piti vireessä ja huvitti häntä niinkuin tuskin milloinkaan aiemmin. Harmaa ja tasainen meri oli jo kahlaavien lasten, uivien, kirjavien vartaloiden elävöittämä, kun ne käsivarret pään taakse kierrettyinä lojuivat hiekkaharjanteilla. Toiset soutivat pieniä, punaiseksi ja siniseksi maalattuja, kölittömiä veneitä ja päästivät nauraen ne kaatumaan. Kauas ulottuvan kojurivin edessä — niiden korokkeilla istui kuin pienillä parvekkeilla — oli kisailevaa liikettä ja laiskana lojuvaa lepoa, vierailua ja rupattelua, huolellisesti sonnustettua aamupuvustoa alastomuuden rinnalla, joka uhmailevan sulavasti nautti tienoon vapauksista. Etualan kostealla ja kiinteällä hietikolla käyskentelivät jotkut valkoisissa kylpymekoissaan, väljissä värikkäissä paitapuvuissaan. Oikealle sivulle lasten rakentama hiekkalinna oli täynnänsä pieniä lippuja, joissa näki kaikkien mahdollisten maiden värit.

Simpukoiden, leivosten ja hedelmien myyjät levittelivät polvillaan tavaroitaan. Vasemmalla, erään kojun edessä, joka oli vinosti muihin ja mereen ja johon ranta sillä puolella loppui, oleskeli venäläinen perhe: parrakkaita ja isohampaisia miehiä, nöyryytettyjä ja laiskoja naisia, baltilainen neiti, joka telineen edessä istuen epätoivoisin huudahduksin maalasi merta, kaksi hyväntahtoisen rumaa lasta, vanha huivipäinen palvelijatar, jolla oli hellästi alistuvan orjan eleet. Kiitollisina nauttien he siellä oleilivat, huusivat väsymättä tottelemattomina telmivien lasten nimiä, puhuivat harvoilla osaamillaan italialaisilla sanoilla leikillisesti kauan aikaa huumorintajuisen ukon kanssa, jolta he ostivat sokerimakeisia, suutelivat toisiaan poskelle eivätkä piitanneet kenestäkään heidän inhimillisen yhteiselämänsä tarkkailijasta.

Tahdon siis jäädä, ajatteli Aschenbach. Missä olisikaan parempi olla? Ja ristiinpannut kädet sylissä hän antoi silmiensä kadota meren avaruuteen ja katseensa häipyä, upota, murtua avaruuden erämaan yksitoikkoiseen sumuun. Hän rakasti merta syvistä syistä: se oli raskaasti työtä tekevän taiteilijan levonkaipuuta, kun hän himoitsee kätkeytyä ilmiöiden vaativalta moninaisuudelta yksinkertaisen, suunnattoman rinnoille; se oli kiellettyä, hänen tehtävälleen tuiki vastakkaista ja juuri sen vuoksi niin houkuttelevaa himoa jäsenettömään, mittaamattomaan, ikuiseen, olemattomaan. Levätä täydellisen ääressä on sen kaipuuta, joka ahertaa verrattoman tavoittelussa, ja eikö olematon ole eräs täydellisen muoto?

Mutta hänen siinä juuri tuijottaessaan haaveksien tyhjyyteen, katkaisi muuan ihmisvartalo vaakasuoran rantaviivan, ja kun hän kirvoitti ja keräsi katseensa rajattomasta, näki hän kauniin pojan, joka vasemmalta tullen meni hänen editseen hiekalla. Poika oli avojaloin, valmiina kahlaamaan, hoikat sääret polven yläpuolelle paljaina. Hän asteli hitaasti, mutta niin kevyesti ja ylpeästi kuin olisi vartavasten tottunut liikkumaan jalkineitta, ja silmäili poikittain oleviin kojuihin päin. Mutta tuskin hän oli huomannut venäläisperheen, joka siellä vetelehti kiitollisessa sovussa, kun hänen kasvojensa yli jo kulki vihaisen ylenkatseen ukkospilvi. Hänen otsansa synkkeni, hänen suunsa kohosi, huulet vääntyivät katkeraan kurttuun, joka särki poskiviivan, ja hänen kulmakarvansa olivat painuneet niin raskaaseen ryppyyn, että silmät näyttivät vajonneen luomien alle ja puhuivat pahansuopina ja tummina vihan kieltä. Hän katsahti maahan, silmäili vielä kerran uhkaavasti taaksensa, kohautti hartioitaan kiivain, halveksivin ja inhoavin elein ja jätti viholliset selkänsä taakse.

Eräänlainen hienotunteisuus tai pelokkuus, jokin kunnioituksen ja häveliäisyyden tunne sai Aschenbachin kääntymään poispäin, ikäänkuin hän ei olisi huomannut mitään. Sillä intohimon vakavalle tilapäistarkkaajalle on vastenmielistä käyttää huomioitaan edes omaksi hyväkseen. Mutta hän oli ilahtunut ja samalla järkytetty, toisin sanoen onnellistunut. Tuo lapsekas kiivailu, joka oli kohdistunut mitä hyväntahtoisimpaan elämänpalaseen, antoi jumalalliselle eristymiselle inhimilliset suhteet — se sai luonnon kallisarvoisen kuvateoksen, joka oli kelvannut vain silmänherkuksi, näyttämään syvemmän osanoton arvoiselta ja loi puolikasvuiseen, muuten kauneuden takia huomattavaan olemukseen intohimon leiman, joka salli ottaa hänet vakavalta kannalta, ikäänkuin hän jo olisi vanhempi.

Yhä poispäin kääntyneenä Aschenbach kuunteli pojan ääntä, kirkasta, heikonlaista ääntä, jolla hän jo kaukaa yritti lausua tervehdyksensä hiekkalinnan ympärillä touhuaville leikkitovereille. Hänelle vastattiin huutamalla moneen kertaan hänen nimensä tai hänen nimensä hyväilymuoto, ja Aschenbach kuunteli ymmärrettävän uteliaana, voimatta kuitenkaan käsittää muuta tarkempaa kuin kaksi sointuvaa tavua, kuten *Adgio* tai vielä useammin *Adjiu*, jonka loppu-u huudettiin pitkään venyttäen.

Häntä ilahdutti sen sointu, hän havaitsi sen kaunissävyisenä sopivan tuon pojan nimeksi, toisteli sitä hiljaa itsekseen ja kääntyi tyytyväisin mielin käsittelemään kirjeitään ja papereitaan.

Pieni matkasalkku polvillaan hän ryhtyi täytekynällä suorittamaan kirjeenvaihtoaan. Mutta jo neljännestunnin kuluttua hän huomasi, mikä vahinko olisi jättää hengessä tällainen tilanne, nautinnonarvoisin mitä hän tunsi, ja hukata se tyhjänpäiväisellä työllä. Hän työnsi kirjoitusneuvot syrjään ja kääntyi takaisin merelle. Ei kulunut pitkää aikaa, kun hän, hiekkarakennelmalla puuhailevan lapsijoukon äänten houkutuksesta, kallisti päänsä oikealle tuolin selkänojaan tavoitellakseen katseellaan mainion Adgion hommia.

Ensimmäinen silmäys keksi hänet: hänen rinnallaan heloittava punainen silmukka herätti kohta huomiota. Toisten kanssa hääräten, vanhaa lautaa asetettaessa sillaksi hiekkalinnan kostean vallihaudan yli hän huusi ja nyökkäsi päällänsä ohjeet. Hänen mukanaan oli kymmenkunta toveria, poikia ja tyttöjä, hänen ikäisiään ja nuorempia, jotka lörpöttelivät keskenään eri kielillä, puolaksi, ranskaksi, jopa balkanilaismurteella. Mutta hänen nimensä kaikui useimmin. Hän oli ilmeisesti halutuin, tavoitelluin, ihailluin. Varsinkin muuan, puolalainen kuten hänkin, roteva viikari, jolle huudettiin »Jashu»-nimeä, jonka tukka oli musta ja voideltu ja jolla oli yllään palttinainen vyöpuku, näytti hänen läheisimmältä vasalliltaan ja ystävältään. He lähtivät, sittenkun hiekkarakennelman työ oli sillä kerralla saatu loppuun, toisiaan syleillen kävelemään rannalle, ja se, jolle huudettiin »Jashu»-nimeä, suuteli kaunista poikaa.

Aschenbach joutui kiusaukseen uhata häntä sormellaan. »Annan sinulle neuvon, Kritobulos», tuumi hän hymyillen; »lähde vuodeksi matkoille. Sillä niin paljon vähintään tarvitset aikaa parantuaksesi.» Ja sitten hän söi aamiaisekseen suuria, täysikypsiä mansikoita, jotka hän osti eräältä kaupustelijalta.

Oli tullut hyvin lämmin, vaikkei aurinko kyennytkään puhkaisemaan taivaan usvakerrosta. Laiskuus kahlehti hengen, aistien nauttiessa meren hiljaisuuden suunnattomasta ja huumaavasta seuranpidosta. Vakavan miehen mielestä oli sopivaa, täysin tyydyttävää tehtävää ja työskentelyä arvata ja tutkia, mikä nimi olisi suunnilleen »Adgiota» vastaava. Ja turvauduttuaan eräihin Puolan historian muistikuviin hän totesi, että nimellä tarkoitettiin Tadziota, Tadeusz-nimen lyhennystä, joka huudahduksiin sovellettuna kuulosti »Tadziulta».

Tadzio kylpi. Aschenbach, joka oli kadottanut hänet näkyvistään, keksi hänen päänsä, hänen käsivartensa, jolla meloen hän otti vauhtia, kaukaa mereltä. Sillä merihän oli pitkälle tasainen. Mutta silloin alettiin olla huolestuneita hänestä, naisäänet huutelivat häntä kojuista, huhuilivat jälleen nimeä, joka hallitsi rantaa miltei lunastuksen lailla ja joka pehmeinä äänteinä venytettyine u-loppuineen ilmaisi samalla sekä suloista että metsäläistä: »Tadziu, Tadziu!»

Hän pyörsi takaisin, juoksi, hangoittelevaa vettä kuohuksi sotkien, pystypäin aallokossa. Ja kun katseli, kuinka tuo elävä vartalo, varhaismiehekkään suloinen ja hauras, vettävaluvin kiharoin ja kauniina kuin hento jumala, taivaan ja meren syvyyksien asukas, kohosi ja irtaantui meren sylistä, herätti se näky myytillisiä mietteitä; se oli kuin runoilijan kertomusta alkuajoista, muodon alkuperästä ja jumalten synnystä. Aschenbach kuunteli silmät ummessa tätä sisässään kajahtelevaa laulua ja päätteli uudelleen, että täällä oli hyvä elellä ja että hän halusi jäädä tänne.

Myöhemmin Tadzio makasi hiekassa kylvyn jälkeen, leväten verhottuna valkoiseen hurstiinsa, joka oli vedetty oikean olkapään alle, ja pää nojasi paljaalla käsivarrella. Ja silloinkin kun Aschenbach ei häntä katsellut, vaan luki jonkun sivun kirjaansa, ei hän tuskin milloinkaan unohtanut, että poika makasi siinä ja että hänen tarvitsisi vain hieman kääntää päätään oikealle nähdäkseen tuon ihailun arvoisen. Hänestä tuntui melkein kuin hän istuisi tässä suojelemassa tuota lepäävää — omissa asioissaan askarrellen ja samalla kuitenkin alituisesti valppaana tuolla oikealla lähellä olevan ihmislapsen puolesta. Ja isällinen lempeys, heltynyt kiintymys kauniiseen olentoon sen taholta, joka uhrautuen luo hengessä kaunista, täytti ja liikutti hänen sydämensä.

Puolipäivän jälkeen hän poistui rannalta, palasi hotelliin ja kuljetutti itsensä hissillä ylös huoneensa eteen. Hän viipyi sisällä kauan aikaa kuvastimen edessä ja katseli harmaita hiuksiaan, väsyneitä ja teräviä kasvojaan. Sillä hetkellä hän ajatteli mainettaan: kuinka monet tunsivat hänet kaduilla ja katselivat häntä kunnioittavasti hänen varmasti sattuvien ja sulon kruunaamien sanojensa tähden — manasi esille kaikki kykynsä ulkonaiset tulokset, jotka osuivat hänen mieleensä, jopa ajatteli saamaansa aatelisarvoa.

Hän meni sitten alas lounaalle ja ruokaili pienen pöytänsä ääressä. Kun hän aterioituaan astui hissiin, tunkeutui nuorta väkeä, joka niinikään tuli aamiaiselta, hänen jälkeensä pieneen liitelevään koppiin, ja Tadziokin tuli sisään. Hän seisoi ihan lähellä Aschenbachia, ensimmäistä kertaa niin lähellä, että tämä ei katsellut häntä kuin kuvaa matkan päästä, vaan havaitsi ja keksi tarkoin hänen inhimillisyytensä yksityiskohdat.

Joku puhutteli poikaa, ja vastatessaan kuvaamattoman suloisesti hymyillen Tadzio astui pois jo ensi kerroksessa selkä edellä ja silmät alasluotuina. Kauneus tekee häveliääksi, tuumi Aschenbach ja pohti sitten, mikä siihen oli syynä.

Hän oli kuitenkin huomannut, että Tadzion hampaat eivät olleet ilahduttavan kauniit: piikkimäiset ja kelmeät, vailla terveyden kiillettä ja omituisesti hauraan läpikuultavat, jollaiset kalvetustautisilla joskus on. Hän on hento, hän on sairaloinen, ajatteli Aschenbach. Hän ei varmaankaan elä vanhaksi. Ja hän luopui tekemästä itselleen tiliä siitä tyydytyksen tai rauhoituksen tunteesta, joka tätä ajatusta seurasi.

Hän vietti kaksi tuntia huoneessaan ja lähti iltapäivällä kanavalaivalla tunkkaisesti haisevan laguunin ylitse Venetsiaan. Hän astui laivasta San Marcossa, joi teensä aukealla ja aloitti sitten täkäläisen päiväjärjestyksensä mukaan kävelyretken katuja pitkin. Juuri tämä kävely toi mukanaan hänen mielentilansa ja päätöstensä täydellisen muutoksen.

Kujilla tuntui inhoittavan tunkkaantuneelta; ilma oli niin paksua, että asunnoista, myymälöistä, ravintoloista virtaavat hajut, öljynhöyry, hajuvesipilvet ja monet muut seisoivat huuruna eivätkä hälvenneet. Savukkeensauhu pysyi paikallaan ja hajosi vain hitaasti. Ahtaalla alalla tungeksiva ihmisruuhka kiusasi kävelijää eikä lainkaan huvittanut.

Mitä pitemmälle hän joutui, sitä tuskallisempana valtasi hänet se epämiellyttävä olotila, jonka meri-ilma yhtyneenä shirokkotuuleen saattaa synnyttää — tila, joka on yhtaikaa kiihtymystä ja veltostumisia. Kiusallinen hiki purkautui hänestä. Silmät lakkasivat toimimasta, rintaa ahdisti; hän oli kuumeessa, veri jyskytti päässä.

Hän pakeni ahdinkoisilta kauppakujilta siltojen yli köyhien poluille. Siellä kerjäläiset vaivasivat häntä, ja kanavien pahat höyryt salpasivat hengityksen. Eräällä hiljaisella paikalla, unohdetulta ja kirotulta näyttävässä pikku kolkassa, jommoisia on Venetsian sisäosassa, erään kaivon reunalla leväten hän kuivasi otsansa ja huomasi, että hänen täytyisi matkustaa pois.

Toisen kerran ja nyt ratkaisevasti oli näyttäytynyt, että tämä kaupunki oli tällä säällä hänelle tuiki vahingollinen. Itsepäinen odotteleminen näytti järjenvastaiselta; toive, että ilma muuttuisi, oli kerrassaan epävarma. Oli tehtävä pikainen ratkaisu. Palata nyt jo kotiin ei sopinut. Ei kesä- eikä talviasunto ollut valmis häntä vastaanottamaan.

Mutta merta ja rantaa ei ollut vain täällä; sitäpaitsi ne muualla olivat vailla laguunin ja sen kuumehöyryn tuottamaa ilkeää lisää. Hän muisti erään pienen, Triestin lähellä olevan merikylpylän, jota hänelle oli kehuttu. Miksei hän lähtisi sinne? Ja vieläpä viivyttelemättä, jotta oleskelupaikan vaihdos vielä kannattaisi.

Hän selitti tehneensä päätöksen ja nousi. Seuraavalla gondolipysäkillä hän astui alukseen ja saapui kanavien sameiden sokkeloiden läpi, sirojen leijonakuvien reunustamien marmoriparvekkeitten alitse, niljaisten tornikulmien ympäritse, surevien palatsifasaadien ohi, jotka kuvastelivat suuria toiminimikilpiään keinuvan veden jätteeseen, San Marcon torille. Hänen oli työlästä päästä sinne, sillä gondolinkuljettaja, joka oli liitossa pitsitehtaitten ja lasipuhaltimoiden kanssa, koetti yhtenään saada hänet nousemaan, katsomaan ja ostamaan ja jos tuo omituinen matka Venetsian kautta alkoi tenhollaan vaikuttaa, oli vajonneen kuningattaren huijarimainen kauppiashenki omiaan ikävällä tavalla jälleen selvittämään mielialan.

Hotelliin palattuaan hän selitti vielä ennen päivällistä konttorissa, että odottamattomat seikat pakottivat hänet matkustamaan varhain seuraavana aamuna. Asiaa valitettiin, hänen laskunsa kuitattiin. Hän aterioi ja kulutti lauhan illan takaparvekkeen keinutuolissa lehtiä lukemalla. Ennenkuin hän meni nukkumaan, sulloi hän matkalaukkunsa täysin lähtövalmiiksi.

Hän ei nukkunut kaikkein parhaiten, sillä edessäoleva lähtö teki hänet rauhattomaksi. Kun hän aamulla aukaisi ikkunan, oli taivas pilvessä kuten eilenkin, mutta ilmassa tuntui raikkaammalta — ja silloin alkoi häntä jo kaduttaa. Eikö hänen ilmoituksensa ollutkin äkkipikainen ja erheellinen, jonkin sairaloisen ja suhteettoman olotilan aiheuttama teko? Jos hän olisi sitä hiukankin pidättänyt, jos hän olisi, näin nopeasti lähtemättä, yrittänyt sopeutua Venetsian ilmastoon tai odottanut sään parantumista, olisi hänellä nyt, tämän kiireen ja touhun asemasta, edessä rannalla vietettävä aamupäivä kuten eilenkin. Liian myöhäistä. Nyt hänen täytyi jatkuvasti tahtoa, mitä oli eilen tahtonut. Hän pukeutui ja laskeutui kello kahdeksan pohjakerrokseen aamiaiselle.

Tarjoiluhuone oli hänen sinne astuessaan vielä tyhjä vieraista. Hänen istuessaan ja tilaamaansa odotellessaan tuli paikalle joitakuita vieraita. Teekuppi huulillaan hän näki puolalaistyttöjen saapuvan seuraneitinsä kanssa. Ankarannäköisinä ja aamunraikkaina, silmät tulehtuneina he astelivat ikkunasyvennyksessä olevaan pöytäänsä.

Heti senjälkeen ovenvartija lähestyi häntä lakki kourassa ja kehoitti häntä lähtemään. Auto odotti valmiina viemään hänet ja toiset matkustajat Excelsior-hotelliin, mistä moottorivene kuljettaisi heidät yksityiskanavaa pitkin asemalle. Olisi kiire. — Aschenbachin mielestä ei ollut ensinkään kiire. Oli vielä runsaasti tunti aikaa junanlähtöön. Häntä harmitti hotellin tapa, että matkustajat toimitettiin lähtemään talosta ennen aikojaan, ja selitti ovenvartijalle haluavansa nauttia aamiaista kaikessa rauhassa. Mies poistui empien ja palasi viiden minuutin kuluttua. Vaunu ei voinut mitenkään odottaa kauempaa. Lähteköön sitten ja viekööm hänen matkalaukkunsa, vastasi Aschenbach ärtyneesti. Hän matkustaisi määrätyllä hetkellä yleisessä höyryaluksessa, ja mies olisi hyvä ja antaisi hänen itse huolehtia lähdöstään. Toimihenkilö kumarsi. Iloisena, kun oli saanut torjutuksi kiusalliset kehoitukset, Aschenbach lopetti pikku ateriansa kiirehtimättä ja pyysi tarjoilijaa tuomaan sanomalehden. Aikaa oli perin niukalti, kun hän vihdoin nousi. Samassa hetkessä sattui Tadzio tulemaan sisälle lasiovesta.

Omaistensa pöytään pyrkiessään hän joutui sivuuttamaan lähtevän; harmaahapsisen, korkeaotsaisen miehen edessä hän loi kainosti katseensa alas, mutta kohotti sen heti suloiseen tapaansa, suuntasi sen pehmeänä ja avoimena häneen ja meni ohitse.

Hyvästi, Tadzio! ajatteli Aschenbach. Ja vastoin tapaansa muovaillen ajatuksen huulillaan ja itsekseen puhellen hän lisäsi: »Ollos siunattu!»

Sitten hän valmistui lähtemään, jakeli juomarahoja, otti hyvästit pieneltä, hiljaiselta, ranskalaiseen pitkääntakkiin pukeutuneelta hotellinhoitajalta ja lähti hotellista jalan kuten oli tullutkin. Hän suuntasi kulkunsa matkalaukkua kantavan palvelijan seurassa kukkivaa kujaa pitkin saaren poikki laivalaiturille. Hän saapui perille ja otti laivassa paikan — ja mitä sitten seurasi, oli surullista kärsimysmatkaa kaikkien katumuksen syvyyksien kautta.

Se oli tuttua kulkua laguunien yli, San Marcon ohi, isoa kanavaa pitkin. Aschenbach istui pitkällä penkillä laivan laitapuolella kaiteeseen nojaten ja varjostaen kädellä silmiään. Yleiset puutarhat jäivät taakse, Piazzetta avautui vielä kerran ruhtinaallisen upeana, sitten sekin sivuutettiin; senjälkeen tuli palatsirivi, ja kun vesitie kääntyi polvekkeeksi, näkyi Rialto-sillan komea, jännitetty marmorikaan.

Matkamies katseli, ja hänen rintansa oli pakahtua. Tätä kaupungin ilmaa, tätä meren ja suon tunkkaista lemua, jota pakoon hänellä oli ollut niin huutava kiire — sitä hän nyt hengitti syvin, suloisen tuskallisin vedoin. Oliko mahdollista, ettei hän ollut tiennyt eikä ajatellut, kuinka lujasti hänen sydämensä oli kaikkeen tähän kiintynyt? Mikä aamulla oli ollut puolittaista pahoittelua, hänen tekonsa oikeutuksen heikkoa epäilystä, se muuttui nyt mieliharmiksi, todelliseksi tuskaksi, sielunhädäksi, niin katkeraksi, että se työnsi monesti hänen silmiinsä kyyneleet.

Hän puheli itsekseen, että hänen olisi ollut mahdotonta aavistaa sitä ennakolta tällaiseksi. Mitä hän tunsi niin raskaasti kestettävänä, hetkittäin täysin sietämättömänä, oli ilmeisesti se ajatus, ettei hän näkisi Venetsiaa enää milloinkaan, että hän sanoisi sille nyt ikuiset hyvästit. Sillä koska oli toistamiseen osoittautunut, että kaupunki teki hänet sairaaksi, koska hänen oli ollut toistamiseen pakko lähteä sieltä suinpäin, täytyisi hänen pitää sitä tästedes mahdottomana ja kiellettynä oleskelupaikkana, jota kestämään häntä ei ollut luotu ja johon vielä kerran palata olisi ollut järjetöntä.

Niin, hän tunsi, että kun hän nyt lähtisi, täytyisi hävyn ja uhman ehkäistä häntä enää koskaan näkemästä tätä rakastettua kaupunkia, jossa hänen ruumiinsa oli kahdesti pettänyt. Ja tämä sielun taipumuksen ja ruumiin kyvyn välinen ristiriita tuntui vanhenevasta runoilijasta niin raskaalta ja tärkeältä, ruumiin tappio niin häpeälliseltä, ettei hän voinut käsittää sitä kevyttä alistumista, jolla hän oli eilen, vakaatta taistelutta, päättänyt sen kestää ja tunnustaa.

Sillaikaa höyryalus lähestyy asemaa, ja tuska ja neuvottomuus kiihtyvät sekapäisyydeksi. Lähtö tuntuu kiusaantuneesta matkamiehestä mahdottomalta, paluu yhtä vaikealta. Näin täysin ristiriitaisin tuntein hän saapuu asemalle. On jo hyvin myöhä, hän ei saa menettää silmänräpäystäkään, jos tahtoo tavoittaa junan. Hän tahtoo eikä tahdo. Mutta aika rientää; se ruoskii häntä eteenpäin. Hän kiiruhtaa hankkimaan matkalipun ja hakee hallin hälinässä tänne sijoittunutta hotellin virkailijaa. Mies ilmestyy ja sanoo, että matkalaukku on jo lähetetty. Jo lähetetty? Niin, olkaa hyvä — Comoon. Comoon? Ja moninaisen touhun jälkeen, vihaisten kyselyjen ja nenäkkäitten vastausten tuloksena kävi selville, että matkalaukku oli jo Excelsior-hotellin tavarankuljetuskonttorissa toisten, vieraiden matkatavaroiden mukana toimitettu vallan väärälle suunnalle.

Aschenbachin oli työlästä säilyttää ilme, joka tällaisissa olosuhteissa oli ainoa käsitettävä. Seikkailua uhkuva ilo, uskomaton riemu hytisytti miltei kuin kouristus hänen rintaansa. Hotellimies syöksyi paikalta pelastamaan mikäli mahdollista matkalaukun ja palasi, kuten odottaa sopikin, tyhjin toimin.

Ja silloinpa Aschenbach selitti, ettei hän halunnut matkustaa ilman matkatavaroitaan, vaan oli päättänyt pyörtää takaisin ja odottaa kylpylähotellissa, kunnes matkalaukku löytyisi. Olikohan yhtiön moottorivene vielä aseman laiturissa? Mies vakuutti sen olevan oven edessä. Italialaisen sanatulvan avulla hän sai lipunmyyjän ottamaan takaisin jo lunastetun matkalipun; hän vannoi, että piti sähköttää, ettei saanut kitsastella eikä mitään lyödä laimin, jotta matkalaukku saataisiin pian takaisin, ja niin tapahtui se kumma, että matkamies kaksikymmentä minuuttia senjälkeen kuin oli tullut asemalle oli jälleen suurella kanavalla ja matkalla Lidoon päin.

Ihmeellinen, uskomaton, hävettävä, koomillisen haaveellinen seikkailu: nähdä tienoot, joille juuri oli mitä syvimmän alakuloisuuden vallassa lausunut ikuiset hyvästit, kohtalon pyörtämänä ja viskelemänä saman tunnin kuluessa uudelleen! Kuohu keulan edessä, hupaisen nopeasti puikkelehtien gondolien ja höyryalusten lomitse syöksyi pieni kerkeä kulkuneuvo päämääräänsä kohden, ainoan matkustajan koettaessa salata harmistuneen alistuvaisuuden naamarin taakse karanneen pojan pelokkaan ylimielistä kiihtymystä.

Yhä vieläkin hänen rintaansa hytisytti silloin tällöin nauru, kun hän ajatteli tätä epäonnea, jota, kuten hän arveli, mikään sunnuntailapsikaan ei olisi voinut kokea. Nyt piti osata selittää, kestää kummastelevien kasvojen ilme — sitten olisi, niin hän arveli, kaikki taas hyvin, sitten olisi onnettomuus torjuttu, vaikea erehdys korjattu, ja kaikki, mitä hän oli taaksensa jättänyt, avautuisi jälleen ja olisi uudestaan hänen omaansa niin kauan kuin hän halusi... Pettikö häntä muuten nopea vauhti vai tuliko nyt todella kaiken kukkuroiksi tuuli sittenkin mereltä päin?

Aallot löivät sementtiseiniä vasten kapeassa kanavassa, joka ulottuu saaren halki Excelsior-hotelliin. Auto-omnibus odotti siellä palaavaa ja vei hänet karehtivan meren vieritse suoraa tietä kylpylähotelliin. Pieni viiksiniekka hotellinhoitaja, yllään pyöröreunainen pitkätakki, tuli ulkoportaita alas häntä tervehtimään.

Lievästi mairitellen hän pahoitteli tapausta, piti sitä ylen kiusallisena itselleen ja laitokselle, mutta hyväksyi vilpittömästi Aschenbachin päätöksen odottaa täällä matkalaukun palauttamista. Hänen huoneensa oli tosin jo vuokrattu, mutta toinen, ei yhtään, huonompi, olisi heti hänen käytettävänään. »*Pas de chance, monsieur*», virkkoi sveitsiläinen hissinkuljettaja hymyillen, kun noustiin yläkerroksiin. Ja näin tuli pakolainen jälleen majoitetuksi huoneeseen, joka asemaltaan ja sisustukseltaan vastasi miltei täydellisesti edellistä.

Väsyneenä, tämän kummanlaisen aamupäivän touhun huumaamana hän istuutui, purettuaan sinne tänne käsilaukkunsa sisällön, avonaisen ikkunan ääressä olevaan nojatuoliin. Meri oli saanut valjunviheriän vivahduksen, ilma vaikutti ohuemmalta ja puhtaammalta, ranta kojuineen ja veneineen värikkäämmältä, vaikka taivas olikin vielä harmaa. Aschenbach silmäili ulos, kädet ristissä sylissä, tyytyväisenä kun sai taas olla täällä ja päätänsä ravistaen tyytymättömänä ajatellessaan horjuvaisuuttansa, omien halujensa tuntemattomuutta.

Näin hän istui ainakin tunnin, leväten ja ajatuksettomasti uneksien. Puolipäivän tienoissa hän huomasi Tadzion, joka yllään viirullinen, punasilmukkainen palttinapuku tuli mereltä päin, ollen palaamassa hotelliin ranta-aitauksen kautta, laudoitettua tietä pitkin. Aschenbach tunsi hänet heti korkeudestaan, oikeastaan ennenkuin oli tavoittanut hänet silmillään, ja hänen teki mieli ajatella jotakin tähän tapaan: »Katsohan, Tadzio, sinäkin olet jälleen siellä!» Mutta samassa hetkessä hän tunsi, kuinka tämä sulava tervehdys häipyi ja mykistyi hänen sydämensä totuuden tieltä, — tunsi verensä innostuksen, sielunsa ilon ja tuskan ja havaitsi, että juuri Tadzion vuoksi ero oli tuntunut hänestä niin raskaalta.

Hän istui ihan hiljaa, näkymättömänä korkealla paikallaan ja tuijotti itseensä. Hänen piirteensä olivat hereillä, hänen kulmakarvansa kohoilivat, tarkkaava, uteliaan nerokas hymy jännitti hänen suunsa. Sitten hän kohotti päänsä ja teki molemmilla, tuolin käsinojan yli veltosti riippuvilla käsillään hitaasti kiertävän ja nostavan liikkeen kämmenet eteenpäin kääntyneinä, ikäänkuin aikoisi avata ja levittää käsivartensa. Se oli alttiisti tervetulleeksi lausuva, tyynesti vastaanottava liike.

NELJÄS LUKU

Päivät pääksytysten ohjasi nyt — polttavin poskin alastomana — jumala hehkuvaa nelivaljakkoaan taivaan avaruuksissa, ja hänen keltaiset suortuvansa liehuivat samaan aikaan riehahtaneessa itätuulessa. Vaaleansilkkinen välke väikkyi laiskana aaltoilevan Pontoksen ulapoilla.

Hiekka hehkui. Ruosteenvärisiä purjekankaita oli pingoitettu rantakojujen eteen hopealta välkkyvän eetterin sinen alla, ja niiden suomalla, terävästi rajoitetulla varjoaineella vietettiin aamupäivän hetket. Mutta viehättävä oli iltakin, kun puiston kasvit uhkuivat sulotuoksua, tähdet ylhäällä astelivat ratojaan ja yön hämärään verhotun meren kohina hiljaisena kuuluen loihti esiin sielun. Tuollainen ilta antoi iloisen vakuuden helposti järjestetystä joutilaasta uudesta aurinkopäivästä, jota koristaisivat lukemattomat, ihan liki toisiaan olevat suloisen sattuman mahdollisuudet.

Vieras, jonka niin tottelevainen epäonni oli tänne pidättänyt, oli kaukana ajatuksesta nähdä tavaroittensa takaisinsaannissa mitään syytä uuteen lähtöön. Hänen oli täytynyt kahtena pitkänä päivänä sietää erinäistä puutetta ja esiintyä suuressa ruokasalissa tarjotuilla aterioilla matkapuvussa. Kun harhaanjoutunut matkalaukku sitten vihdoinkin tuotiin hänen huoneeseensa, purki hän sen perusteellisesti ja täytti kaapin ja laatikot tavaroillaan, päättäen jäädä toistaiseksi tänne tyystin arvaamattomaksi ajaksi, tyytyväisenä, kun voisi viettää rantahetket silkkipuvussa ja päivällisen aikaan jälleen näyttäytyä säädylliseen ilta-asuun puettuna pienen pöytänsä ääressä.

Tämän olotilan miellyttävä tasatahti oli jo saanut hänet lumoihinsa, tämän elintavan pehmeä ja loistava lempeys oli nopeasti hurmannut hänet. Tosiaankin, mikä oleskelupaikka, joka yhdistää itseensä etelämaisen rannan kultivoidun kylpyläelämän miellyttävyydet ja omituisen ihmeellisen kaupungin herttaisen alttiin läheisyyden! Aschenbach ei rakastanut nautintoa. Milloin ja missä tahansa oli juhlittava, levättävä, vietettävä hyviä päiviä, kaipasi hän pian — ja varsinkin nuorempana oli niin ollut laita — tuntien levottomuutta ja inhoa jälleen arkipäiviensä ylevää, työlästä aherrusta, pyhän selkeätä toimintaa. Vain tämä paikka lumosi hänet, sai hänen tahtonsa laukeamaan, teki hänet onnelliseksi.

Usein aamupäivisin, kojunsa varjokankaan alla, etelän sinen yli uneksien, tai jonakin leutona yönä nojaten gondolinpieluksiin, kun se vei hänet Markustorilta, missä hän oli kauan oleillut, helotähtisen taivaan alla takaisin Lidolle — ja kun kirjavat valot ja serenaadin sulattavat äänet jäivät taakse — hän muisteli vuoristotaloaan, kesäisen kamppailunsa seutua, missä pilvet kulkivat synkkinä puutarhan läpi, kammottava rajuilma sammutti illalla talon valaistuksen ja korpit, joita hän ruokki, keikauttivat itsensä kuusien latvoille. Silloin hänestä tuntui hyvältä, ikäänkuin hänet olisi temmattu pois Elysiumin maille, maailman rajoille, missä ihmisille on suotu mitä kevein elämä, missä ei ole lunta eikä talvea, ei myrskyä eikä virtaavaa sadetta, vaan missä alati kohoilee vienosti vilvoittava Okeanoksen hengähdys ja päivät kuluvat autuaassa joutilaisuudessa, vaivattomasti, taistelutta kokonaan auringolle ja sen juhlille pyhitettyinä.

Usein, melkein alinomaa Aschenbach näki Tadzio-pojan: rajoitettu tila, jokaiselle määrätty elämän järjestely vaikutti, että kaunis poika oli koko päivän lyhyin keskeytyksin hänen lähellään. Hän näki ja tapasi Tadzion kaikkialla: hotellin alakerran huoneissa, kaupunkiin tehdyillä vilvoittavilla merimatkoilla ja sieltä takaisin tultaessa, usein lisäksi teillä ja kujilla, kun sattuma tuli avuksi.

Mutta pääasiallisesti ja mitä onnellisimman säännöllisesti tarjosi hänelle rannalla vietetty aamupäivä pitkällisen tilaisuuden antautua suloisen olennon hartaaseen tutkisteluun. Tämä onnen yhtenäisyys, olosuhteiden päivittäinen, samanlaisena uudelleen esiintyvä suosio täytti hänen mielensä tyytyväisyydellä ja elämänilolla, se teki hänelle oleskelun kallisarvoiseksi ja antoi aurinkopäivän niin miellyttävän odottavana liittyä toiseen.

Hän nousi varhain, kuten muutoin vain vaativan työhalun ajamana, ja oli ennen muita rannalla, kun aurinko oli vielä lempeä ja meri lepäsi valkoisen häikäisevänä aamu-unessa. Hän tervehti ystävällisesti aitauksen vartijaa, tervehti myös tuttavallisesti paljasjalkaista valkopartaa, joka oli valmistanut hänen paikkansa, pingoittanut ruskean varjokankaan, siirtänyt kojun huonekalut ulos korokkeelle, ja asettui istumaan. Seuraavat kolme tai neljä tuntia olivat sitten hänen; niiden kuluessa aurinko nousi korkealle ja saavutti peloittavan voiman; niiden kuluessa meri siinsi yhä tummempana, ja silloin hän saisi nähdä Tadzion.

Hän näki kaunokaisen tulevan vasemmalta, meren reunaa pitkin, näki hänen tulevan takaapäin kojujen välistä esille tai huomasi äkkiä ja iloisesti pelästyen, että poika oli tullut hänen huomaamattaan ja että kaivattu oli jo paikalla sinisessä ja valkoisessa kylpyasussaan, joka rannalla oli hänen ainoana pukunaan, että hän oli jo ryhtynyt auringossa ja hiekassa tavalliseen touhuunsa — siihen suloisen turhaan, joutilaan vaihtelevaan elämään, joka oli leikkiä ja lepoa, kuljeskelua, kahlaamista, kaivamista, tavoittelua, nakata ja uintia. Korokkeella istuvat naiset vartioivat häntä ja huutelivat hänelle, kajautellen hänen nimeään: »Tadziu, Tadziu!» Kiihkeästi elehtien hän tuli juoksujalkaa heidän luoksensa kertomaan, mitä oli kokenut, näyttämään, mitä oli löytänyt, saalistanut: näkinkenkiä, merihepoja, maneetteja ja sivuittain liikkuvia rapuja.

Aschenbach ei ymmärtänyt sanaakaan siitä, mitä poika puhui, ja vaikka se olisi ollut mitä arkipäiväisintä, kuului se hänen korviinsa epämääräisenä soinnukkuutena. Näin korotti outous pojan puheen musiikiksi, ylimielinen aurinko valoi tuhlailevaa välkettään hänen ylitseen, ja meren ylevä kuulakkuus oli alati hänen esiintymisensä heijastajana ja taustana.

Pian katselija tunsi tuon niin pystyn, niin vapaasti esiintyvän ruumiin jokaisen viivan ja asenteen, tervehti iloisesti jokaista jo tuttua kauneutta uudestaan, eikä hänen ihailustaan, hennosta aistiilostaan tullut loppua.

Poikaa huudettiin tervehtimään vierasta, joka seurusteli naisten kanssa kojun edessä. Hän juoksi paikalle, juoksi märkänä, ehkä aallokon kostuttamana, heilautti kiharansa, ja kun hän ojensi kätensä toiselle jalalleen nojaten, toisen jalan ollessa varvasasennossa, taipui hänen ruumiinsa viehättävään kierros- ja kääntöasentoon; siinä ilmeni jotakin miellyttävän jäntevää, herttaisen ujostelevaa, aatelisen velvoituksen vaativaa mielistelynhalua.

Hän makasi pitkällään, kylpylänä rinnan yli kiedottuna, hennosti muovailtu käsivarsi hiekkaan nojaten, leuka kämmenen varassa. »Jashu»-nimellä huudettu poika istui kyyristyneenä hänen vieressään ja tekeytyi hänelle ystäväksi eikä voinut ajatella lumoavampaa näkyä kuin minkä tarjosi se silmien ja huulien hymy, jonka tuo jumalten suosima soi katsellessaan halpa-arvoisempaa, palvelevaa.

Hän seisoi meren partaalla yksinään, omaisistaan loitolla Aschenbachin lähellä — pystyssä, ristiin pannut kädet niskassa, hitaasti kinnerlihaksillaan keinahdellen ja uneksi mitään ajattelematta pienten rantaan lipuvien aaltojen huuhdellessa hänen varpaitaan. Hänen hunajanvärinen tukkansa taipui kiehkuroina ohimoille ja niskaan, aurinko valaisi selän yläosan untuvaa, kylkiluiden hienot piirteet ja rinnan tasasuhta kuulsivat vartalon niukan verhon alta, kainalokuopat olivat vielä sileät kuin kuvapatsaalla, polvitaipeet kiilsivät, ja niiden siintävä suonisto sai hänen ruumiinsa näyttämään kuin kirkkaammasta aineesta muovaillulta.

Mikä kuri ja mikä ajatuksen täsmällisyys ilmeni tuossa suorassa ja nuorekkaan täydellisessä ruumiissa! Mutta eikö se ankara ja puhdas tahto, joka hämärästi toimien oli kyennyt tuomaan esille tämän jumalallisen kuvateoksen — eikö se ollut hänelle, taiteilijalle, tuttua ja selvää? Eikö se vaikuttanut hänessäkin, kun hän tulvillaan tervettä intohimoa kirvoitti kielen marmorimassasta sorean muodon, jonka oli hengessä nähnyt ja jonka hän esitti ihmisille henkisen kauneuden peruskuvana ja heijastajana.

Peruskuva ja heijastaja! Hänen silmänsä ahmivat merensiinnon partaalla lojuvaa jalomuotoista vartaloa, ja haaveilevassa ihastuksessaan hän luuli tällä katseella käsittävänsä, mitä kauneus itse ja muoto oli jumalan ajatuksena, tavoittavansa yhtenäisen ja puhtaan täydellisyyden, joka elää hengessä ja jonka inhimillinen kuva ja vertaus oli pantu tuonne helposti ja suloisesti palveltavaksi.

Se oli huumausta, ja arvelematta, jopa himoiten vanheneva taiteilija lausui sen tervetulleeksi. Hänen henkensä oli synnytystuskissa, hänen sivistyksensä joutui kuohumistilaan, hänen muistinsa loi ikivanhoja, nuoruuteen palautuvia ajatuksia, joita oma tuli ei tähän asti ollut milloinkaan elävöittänyt. Eikö ollut kirjoitettu, että aurinko kääntää huomiomme älyllisistä aistillisiin asioihin? Se huumaa ja taikoo — niin sanotaan — järjen ja muistin niin, että sielu tyytyväisyydestä kokonaan unohtaa varsinaisen olotilansa ja jää kummastelevan ihmettelevänä riippumaan kauneimpaan päiväpaisteiseen esineeseen.

Niin, vain ruumiin avulla se kykenee sitten kohottautumaan vielä korkeampaan tarkasteluun. Amor tosin oli matemaatikkojen kaltainen, jotka näyttävät kykenemättömille lapsille puhtaiden muotojen havainnollisia kuvia. Samaa menetelmää noudatti jumala, tehdäkseen henkisen meille näkyväksi, turvautui mielellään ihmisnuorison muotoon ja väriin, koristaen sen kaikella kauneuden loistolla muistelun työaseeksi, ja sitä katsellessamme sitten kai sytyimme tuskaan ja toivoon.

Näin ajatteli innostuksen saanut katselija, näin hän kykeni tuntemaan. Ja meren kohinasta ja auringon hehkusta kehittyi hänelle ihastuttava kuva. Se oli Ateenan muurien lähellä kasvava plataanipuu — se oli tuo pyhitetty, varjoisa, kukkivan siveyspuun tuoksun täyttämä paikka, jota koristivat pyhäinkuvat ja nymfien ja Akelooksen kunniaksi tuodut hurskaat lahjat. Kuultavan kirkkaana virtasi puro tuuheaoksaisen puun juurella liukkaiden kivien lomitse, ja sirkat soittivat viulua. Mutta nurmikolla, joka vietti loivasti, niin että maatessa saattoi pitää päänsä koholla, lepäili kaksi päivän helteeltä suojassa: vanheneva ja nuori, ruma ja kaunis, viisas rakastettavan vieressä.

Ja kohteliaisuuksin ja henkevästi tavoittelevin leikkilausein Sokrates puhui Faidrokselle kaihosta ja hyveestä. Hän selitti oppilaalle kiihkeää hämmästystä, jota tuntehikas kokee, kun hänen silmänsä näkevät ikuisen kauneuden vertauskuvan, puhui hänelle sellaisen pyhittämättömän ja huonon ihmisen intohimoista, joka ei voi ajatella kauneutta, kun hän näkee sen kuvan, ja joka ei kykene tuntemaan kunnioitusta; puhui siitä pyhästä pelosta, joka valtaa jalon, kun jumalankaltaiset kasvot ja täydellinen ruumis hänelle näyttäytyvät — kuinka hän silloin värähtää ja on kuin suunniltaan ja tuskin uskaltaa katsahtaa sinne päin ja kuinka hän kunnioittaa sitä, jolla on kauneus, vieläpä olisi valmis hänelle uhraamaan kuin kuvapatsaalle, ellei hänen täytyisi pelätä käyvänsä ihmisten silmissä narrimaiseksi.

»Sillä kauneus, Faidrokseni, vain se on yhtaikaa rakastettava ja näkyvä: se on, paina se tarkoin mieleesi, se henkisen ainoa muoto, jonka aisteillamme tunnemme, aistillisesti voimme kestää. Tai mitä meistä tulisi, jos muu jumalallinen, jos järki ja hyve ja totuus esiintyisivät meille aistillisina? Emmekö menehtyisi ja palaisi rakkaudesta, kuten Semele muinoin Zeuksen edessä? Niin on kauneus tuntehikkaan tie henkeen — vain tie, vain välikappale, pikku Faidrokseni...»

Ja sitten opettaja ilmaisi kaikkein hienoimman, tuo ovela mielistelijä: sen, että rakastava oli jumalallisempi kuin rakastettu, koska jumala oli hänessä eikä toisessa — tuon hellimmän, ehkä ivallisimman ajatuksen, jota koskaan on ajateltu ja josta kumpuaa esiin kaihon kaikki veitikkamaisuus ja salaisin hekuma.

Kirjailijan onni on ajatus, joka voi muuttua kokonaan tunteeksi, ja tunne, joka voi muuttua kokonaan ajatukseksi. Tällainen sykkivä ajatus, tällainen tarkka tunne kuului yksinäiselle ja totteli häntä silloin: se näet, että luonto riemusta värisi, kun henki kunnioittaen kumarsi kauneudelle.

Äkkiä hän halusi kirjoittaa. Eros tosin kuuluu rakastavan joutilaisuutta, ja vain sellaisia varten hän on luotu. Mutta pulman tällä asteella kohdistui koetellun kiihtymys tuotantoon. Aihe oli melkein toisarvoinen. Muuan kysymys, heräte antautua tunnustamaan mielipiteensä eräästä kulttuurin ja maun suuresta ja polttavasta ongelmasta, oli lausuttu henkiselle maailmalle ja saapunut matkamiehelle. Hän oli tottunut aiheeseen, se oli hänelle elämys; himo antaa sen loistaa sanansa valossa kävi äkkiä vastustamattomaksi. Ja hänen halunsa oli tehdä työtä Tadzion läsnäollessa, ottaa pojan varresta mallia kirjoittamiseen, antaa tyylinsä seurata tämän ruumiin viivoja, joka hänestä näytti jumalalliselta, ja siirtää hänen kauneutensa henkiseen, kuten kotka muinoin kantoi troijalaisen paimenen taivaan utuun.

Milloinkaan ei sanan ilo ollut tuntunut hänestä makeammalta, milloinkaan hän ei ollut sillä tavoin tietänyt Eroksen olevan sanassa kuin niiden viehättävien hetkien aikana, jolloin hän karkean pöytänsä ääressä varjokankaan alla, epäjumalansa nähden ja hänen äänensä musiikin kaikuessa korvissa, Tadzion kauneus mallina, muovaili sen puolentoista sivun pituisen valikoiduinta suorasanaista sisältävän pienen kirjoituksensa, jonka kirkkaus, aateluus ja lennokas tunteenjännitys kykeni lyhyessä ajassa saavuttamaan monen ihailun.

Varmaankin on hyvä, että maailma tuntee vain ihanan teoksen eikä samalla sen alkuperiä, sen syntymisehtoja, sillä jos maailma tuntisi ne lähteet, joista taiteilijan mielijohteet virtaavat, saattaisivat ne usein sen hämille, peloittaisivat sitä ja hälventäisivät siten erinomaisen työn vaikutukset. Ihmeellisiä hetkiä! Ihmeellisen hermostuttavaa vaivaa. Hengen ja ruumiin kummallisen synnyttävää seurustelua! Pantuaan työnsä talteen ja lähtiessään rannalta Aschenbach tunsi itsensä tuiki väsyneeksi, jopa järkytetyksi, ikäänkuin omatunto soimaisi häntä jonkin irstailun jälkeen.

Seuraavana aamuna sattui, että hän aikoessaan lähteä hotellista huomasi ulkoportailta, kuinka Tadzio, joka oli jo menossa merelle ja lisäksi yksinään, juuri lähestyi aitausta. Toivo, yksinkertainen ajatus käyttää tilaisuutta hyväkseen kevyen ja iloisen tuttavuuden solmimiseksi sen kanssa, joka tietämättään oli tuottanut hänen elämäänsä niin paljon ylennystä ja liikuntoa, puhutella häntä, iloita hänen vastauksestaan, hänen katseestaan, oli lähellä ja pakottavana. Kaunis poika käveli vetelehtien, hänet voi saavuttaa, ja Aschenbach joudutti askeliaan.

Hän tavoittaa pojan lautapolulla kojujen takana, tahtoo laskea kätensä hänen päälaelleen, hänen olkapäälleen ja sanoa jonkun sanan, ystävällinen ranskalainen lause väikkyy jo hänen huulillaan — silloin hän tuntee, että hänen sydämensä, ehkä hyvinkin nopean kävelyn takia, lyö kuin vasara, että hän näin vaikeasti hengittäen voisi puhua vain puristetusti ja vapisten. Hän epäröi, koettaa hillitä itseään, pelkää äkkiä kulkeneensa jo liian kauan kauniin pojan kintereillä, pelkää tämän huomaavan sen, pelkää hänen kysyvää katsettaan, ottaa vielä kerran vauhtia, ei tee mitään, luopuu ja menee pää alaspainuneena ohitse.

Liian myöhään! ajatteli hän tässä silmänräpäyksessä. Liian myöhään. Olikohan se sittenkään liian myöhäistä? Tuo askel, jonka hän laiminlöi, olisi hyvinkin luultavasti vienyt hyvään, keveään ja iloiseen, mistä olisi ollut seurauksena terveellinen selviäminen. Mutta asian laita oli kai niin, että vanheneva ei tahtonut selvitä, että huumaus oli hänelle liian kallisarvoinen. Kuka selittää taiteellisuuden olemuksen ja ilmeen! Kuka ymmärtää kurin ja kurittomuuden syvällisen vaistoyhteyden, josta se riippuu? Sillä kykenemättömyys tahtoa terveellistä selviämistä on kurittomuutta.

Aschenbach ei ollut enää itsearvosteluun taipuvainen; maku, hänen vuosien tuoma henkinen mielentilansa, itsekunnioitus, kypsyys ja myöhäinen yksinkertaisuus tekivät hänet haluttomaksi erittelemään vaikuttimia ja ratkaisemaan, oliko hän jättänyt aikeensa täyttämättä omantunnon syistä vai irstaudesta ja heikkoudesta. Hän oli hämmentynyt, hän pelkäsi, että joku, vaikkapa vain rantavartija, oli tarkkaillut hänen kiirehtimistään, hänen häviötään, pelkäsi kovin tulevansa naurettavaksi. Muuten hän itsekin teki pilaa hullunkurisen pyhästä pelostaan. Säikkynyt, ajatteli hän, säikkynyt kuin kukko, joka pelokkaana antaa siipiensä taistelussa riippua. Jumala tosiaankin rakastetun nähdessämme murtaa rohkeutemme ja painaa ylpeän mielemme täydellisesti maan tasalle... Hän leikitteli, uneksi ja oli liian ylpeä pelätäkseen tunnetta.

Nyt hän ei enää tarkannut sen joutoajan kulumista, jonka oli itselleen suonut; ajatus palata kotiin ei häntä liioin koskenut. Hän oli tilannut itselleen rahaa runsaasti. Hänen ainoa huolensa oli puolalaisen perheen mahdollinen lähtö. Hän oli kuitenkin vähän kerrallaan, ohimennen tiedustellen saanut selville hotellin parturilta, että perhe oli saapunut hotelliin vasta vähän ennen hänen omaa tuloaan.

Aurinko ahavoitti hänen kasvonsa ja kätensä, kiihdyttävä suolantuulahdus karkaisi hänen tunnettaan, ja kuten hän oli aina ennenkin tottunut uhraamaan kaiken virkistyksen, jonka uni, ruoka tai luonto hänelle lahjoittivat, heti johonkin työhön, niin hän nytkin antoi kaiken, mitä aurinko, joutilaisuus ja meri-ilma toivat hänelle päivittäisenä voimistumisena, jalosydämisen tuhlaavaisena häipyä huumaukseen ja tunteeseen.

Hänen unensa oli kevyttä; onnekasta rauhattomuutta täydet lyhyet yöt erottivat herkullisen yksitoikkoiset päivät toisistaan. Tosin hän vetäytyi huoneeseensa jo aikaisin, sillä kello yhdeksän tienoissa, kun Tadzio oli näyttämöltä kadonnut, tuntui päivä hänestä päättyneen. Mutta aamun sarastaessa oli hennosti puistattava pelästys havahduttamassa hänet, ja hänen sydämensä muisti äskeisen seikkailun, eikä hän enää malttanut pysyä pieluksilla. Hän nousi ja kevyesti verhottuna varhaisen aamun puistatusta vastaan istuutui avoimen ikkunan ääreen odottamaan auringonnousua.

Tämä ihmeellinen tapaus täytti hartaudella hänen unen pyhittämän sielunsa. Taivas, maa ja meri uinuivat vielä aavemaisen lasisessa hämäränkalpeudessa; vielä uiskenteli sammuva tähti olemattomuudessa. Mutta sitten tuli henkäys, saavuttamattoman etäisiltä asuinsijoilta saapui siivitetty viesti, että Eros nousi puolisonsa vierestä, ja niin tapahtui se ensimmäinen kaukaisinten taivaan ja meren äärien suloinen punehtuminen, jonka mukana luomisen ruumiillistuminen ilmautuu. Jumalatar läheni, se nuorukaisten ryöstäjätär, joka riisti mukaansa Kleitoksen, Kefaloksen ja kaikkien olympolaisten kateutta uhmaten nautti kauniin Orionin rakkaudesta.

Maailman äärellä alkoi ruusujen siroittelu, sanomattoman suloinen hehku ja kukoistus; lapselliset pilvet, kirkastetut, läpivalaistut leijailivat palvelevien amorettien lailla ruusuisessa, sinertävässä usvassa, purppuraa valautui merelle, joka näytti työntävän sitä paisuvana eteenpäin, kultaisia keihäitä vilahteli alhaalta ylös taivaan korkeuteen, hehku muuttui paloksi; äänettömästi, jumalallisella ylivoimalla vyöryi esille hehkua, paloa ja leiskuvia liekkejä, ja raastavin kavioin kohosivat veljen pyhät ratsastajat maanpiirin yläpuolelle.

Jumalan komeuden säteilyssä istui yksinäinen valvoja; hän ummisti silmänsä ja antoi kunniakehän suudella silmäluomiaan. Entiset tunteet, sydämen varhaiset, herkulliset pyyteet, jotka hänen elämänsä ankarassa palveluksessa olivat kuolleet ja nyt palasivat niin merkillisesti muuttuneina — hän tunsi ne ja hymyili hämmentyneenä, kummastuneena. Hän mietti, hän uneksi, hitaasti hänen huulensa muovailivat erään nimen, ja yhä hymyillen, kasvot kohotettuina, kädet syliin ristittyinä hän uinahti tuoliinsa vielä kerran.

Mutta päivä, joka alkoi niin tulisen juhlallisesti, kului kaikkiaan harvinaisen ylevänä ja mystilliseksi muuttuneena. Mistä tuli ja oli peräisin se henkäys, joka äkkiä niin lempeänä ja merkitsevänä, korkeamman kuiskailun lailla, hipoi ohimoita ja korvaa? Valkoisia höyhenpilvilöitä liiteli taivaalla levenneinä parvina kuin jumalten laitumella käyviä karjalaumoja. Voimakkaampi tuuli virisi, ja Poseidonin ratsut juosta karauttivat paikalle, joukossa kaiketi härkiäkin, jotka sinertäväkiharaista totellen syöksyivät mylvien esille sarvet pistoon painettuina. Mutta etäisemmän rannan kalliopaasien välissä hypähtelivät aallot ketterinä vuohina. Pyhästi rumentunut maailma, joka oli täynnänsä Panin elämää, sulki hullaantuneen syliinsä, ja hänen sydämensä uneksi vienoja tarinoita.

Usein, kun päivä laski Venetsian taakse, hän istui puistopenkillä katselemassa Tadziota, joka valkoasuisena ja kirjavavöisenä huvitteli palloa lyöden tasoitetulla sorakentällä, ja luuli näkevänsä Hyakinthoksen, jonka täytyisi kuolla, koska kaksi jumalaa rakasti häntä. Niin, hän tunsi Zefyrin tuskallista kateutta kilpailijaa kohtaan, joka unohti oraakkelin, jousen ja kitaran saadakseen alati leikkiä kaunokaisen kanssa; hän näki julman lemmenkateuden linkoaman kiekon osuvan tuohon suloiseen päähän ja otti vastaan, hänkin kalveten, tuon runnellun ruumiin, ja kukassa, makeasta verestä versoneessa, oli hänen äärettömän valituksensa merkki...

Mikään ei ole oudompaa, vaikeampaa kuin ihmisten suhde, jotka tuntevat toisensa vain silmillään, jotka tapaavat ja tarkkaavat toisiaan päivittäin, jopa joka hetki ja silti tapojen tai oman oikkunsa takia joutuvat pitämään yllä välinpitämättömän vierauden muotoa tervehtimättä ja sanattomasti. Heidän välillään on levottomuutta ja ärtynyttä uteliaisuutta, tyydyttämättömän, luonnottomasti masennetun tutustumis- ja vuorovaikutustarpeen hysteriaa ja nimenomaan myöskin eräänlaista jännitettyä kunnioitusta. Sillä ihminen rakastaa ja kunnioittaa ihmistä niin kauan kuin ei kykene arvostelemaan häntä, ja kaipuu on puutteellisen tuntemisen tulos.

Aschenbachin ja nuoren Tadzion välille tuli pakostakin jonkunlainen suhde ja tuttavuus, ja sydämellisesti iloiten vanhempi saattoi todeta, että osanotto ja huomaavaisuus eivät jääneet kokonaan vaille vastavuoroisuutta. Mikä esimerkiksi pani kaunokaisen olemaan milloinkaan enää, kun hän ilmestyi aamulla rannalle, käyttämättä kojujen taakse kyhättyjä lautaportaita ja sensijaan hitaasti astelemaan omaistensa kojun luo etualan kautta, hiekkakentän yli, Aschenbachin oleskelupaikan ohi, melkein hipaisten hänen pöytäänsä, hänen tuoliaan? Vaikuttiko ylivoimaisen tunteen vetovoima ja tenho näin hänen hentoon ja ajatuksettomaan olemukseensa?

Aschenbach odotteli joka päivä Tadzion saapumista, ja toisinaan hän oli olevinaan työhön syventyneenä, kun se tapahtui, ja antoi kaunokaisen mennä ohitse näköjään huomaamatta. Mutta toisinaan hän taas kohotti silmänsä, ja heidän katseensa kohtasivat toisensa. He olivat molemmat syvän vakavia, kun näin sattui. Vanhemman sivistyneessä ja arvokkaassa ilmeessä ei mikään todistanut sisäisestä liikehtimisestä, mutta Tadzion silmissä oli tutkisteleva, mietiskelevä kysymys, hänen kävelynsä kävi verkkaiseksi, hän katseli maahan, nosti katseensa jälleen suloisesti, ja kun hän oli mennyt ohitse, näytti jokin hänen ryhdissään ilmaisevan, että vain kasvatus pidätti häntä kääntymästä katsomaan taakseen.

Kerran kuitenkin, eräänä iltana, kävi toisin. Puolalaiset sisarukset ja heidän kotiopettajattarensa eivät olleet saapuneet suureen saliin pääaterialle — huolestuneena Aschenbach oli sen todennut. Aterian jälkeen, kun hän, kovin levottomana heidän viipymisestään, käveli iltapuvussa, olkihattu päässään, hotellin edessä parvekkeen juurella, hän äkkiä näki nunnamaiset sisaret kotiopettajattarineen ja neljän askeleen päässä heistä Tadzion pujahtavan esiin kaarilamppujen valoon. Ilmeisesti he tulivat laivasillalta aterioituaan jostakin syystä kaupungissa.

Merellä oli kai ollut viileä; Tadzion yllä oli tummansininen merimiestakki, jossa oli kultaiset napit, ja päässä pukuun kuuluva lakki. Aurinko ja meri-ilma eivät häntä paahtaneet; hänen ihonsa oli yhä kellertävän marmorimainen kuten alussa. Tänään hän kuitenkin näytti kalpeammalta kuin muulloin, lieneekö syynä ollut viileys tai lamppujen kalpeaksi tekevä kuutamo. Hänen sopusuhtaiset kulmakarvansa piirtyivät selvempinä, hänen silmiensä tumma oli syvempi. Hän oli kauniimpi kuin voi sanoakaan, ja Aschenbach tunsi, kuten jo useasti tuskaisin mielin, että sana voi vain ylistää aistillista kauneutta, mutta ei sitä kuvata.

Hän ei ollut odottanut rakasta olentoa, se tuli äkkiarvaamatta, hänellä ei ollut aikaa kiinnittää kasvojensa ilmettä kuvastamaan rauhaa ja arvokkuutta. Ilo, hämmästys, ihailu olivat varmaankin selvästi maalattuina hänen piirteisiinsä, kun hänen katseensa kohtasi kaivatun olennon silmät — ja tällä sekunnilla tapahtui, että Tadzio hymyili: hymyili hänelle puhuvasti, tuttavallisesti, hurmaavasti ja peittelemättä, hymyili huulin, jotka vasta hymyssä hitaasti avautuivat. Se oli Narkissoksen hymy, kun hän kumartuu kuvastavan veden yli, tuo syvä, hurmattu, kiehdottu hymy, joka hänellä on ojentaessaan kätensä tavoittamaan oman kauneutensa heijastusta — pikkuruisen vääntynyt hymy ilmaisemassa, kuinka toivotonta on yrittää suudella varjokuvan suloisia huulia, keimaileva, utelias ja hiukan kiusaantunut, huumattu ja huumaava hymy.

Tämän hymyn saaja riensi se mukanaan pois, ikäänkuin se olisi turmiota tuottava lahja. Hän oli niin syvästi järkytetty, että hänen oli pakko paeta parvekkeen ja etumaisen puutarhan valaistuksesta ja etsiä nopein askelin puiston takaosan pimentoa. Kummallisen julmistuneita ja helliä neuvoja purkautui hänestä: »Et saa noin hymyillä! Kuule, ei kenellekään saa noin hymyillä!» Hän heittäytyi penkille ja hengitti ihan suunniltaan kasvien öistä tuoksua. Ja taaksepäin nojaten, käsivarret riipuksissa, voitettuna ja väristyksen monen kertaan karmiessa hän kuiskaili kaihon vakiintuneen kaavan — tässä mahdottoman, järjettömän, alhaisen, naurettavan ja silti pyhän, kunnioitettavan vielä tässäkin: »Minä rakastan sinua!»

VIIDES LUKU

Oleskeltuaan Lidossa neljättä viikkoa Aschenbach teki eräitä ulkomaailmaa koskevia kammottavia havaintoja. Ensinnäkin hänestä näytti, että hänen majatalossaan oli liikenne edistyvän vuodenajan mukana pikemminkin pienentynyt kuin lisääntynyt, ja etenkin saksankieli hänen ympärillään tuntui täällä loppuvan ja vaikenevan, niin että aterian aikana ja rannalla kuului hänen korvissaan lopulta vain vieraita ääniä. Eräänä päivänä ollessaan parturilla, jonka luona hän nyt kävi usein, hän sieppasi puheen lomasta sanan, joka sai hänet hätkähtämään. Mies oli kertonut eräästä saksalaisesta perheestä, joka juuri oli lyhyen oleskelun jälkeen lähtenyt pois, ja lisäsi lörpötellen ja mielistellen:

»Te jäätte tänne, hyvä herra. Ettehän te pelkää pahaa.»

Aschenbach katsahti mieheen.

»Pahaa?» toisti hän.

Lörpöttelijä pysyi vaiti, oli olevinaan työn touhussa eikä kuulevinaan kysymystä. Ja kun se esitettiin tiukemmin, selitti hän, ettei hän tietänyt mistään, ja koetti hämillään ja kaunopuheisesti johtaa keskustelua toisaalle.

Tämä tapahtui keskipäivän aikaan. Iltapäivällä Aschenbach lähti tyvenellä ilmalla ja kovassa auringonpaahteessa Venetsiaan — sillä häntä ajoi kiihko seurata puolalaisia sisaruksia, joiden hän oli nähnyt menevän laivasillalle vievää tietä pitkin. Hän ei tavannut epäjumalaansa San Marcolla.

Juodessaan sitten teetä torin varjopuolella rautaisen, pyöreän pöytänsä ääressä hän vainusi ilmassa äkkiä kummallista tuoksua, jota haistaessa tuntui kuin se olisi jo päiväkausia, hänen tietoisuuteensa tunkeutumatta, kosketellut hänen aistejaan — äitelän lääkkeentapainen lemu, joka toi mieleen kurjuuden ja haavat ja epäilyttävän puhtauden. Hän tutkisteli ja tunnusteli sitä miettiväisenä, lopetti välipalansa ja lähti torilta liikkeelle kirkon vastapäistä puolta pitkin.

Ahdingossa tuo haju tuntui voimakkaammin. Kadunkulmiin oli kiinnitetty julistuksia, joissa asukkaita kaupunginisällisesti varoitettiin eräänlaisista vatsataudeista, ne kun tällaisen sään vallitessa kuuluivat päiväjärjestykseen, nauttimasta ostereita ja simpukoita ja myös käyttämästä kanavien vettä. Julistuksen kaunistava sävy oli ilmeinen. Kansanjoukkoja seisoi silloilla ja aukeamilla vaiteliaina, ja vieras seisoi heidän keskellään vainuten ja mietiskellen.

Eräältä myymälänomistajalta, joka korallinauhojen ja väärien ametistikoristeiden välissä nojasi holvinsa oveen, hän pyysi selitystä, mistä tämä ikävä haju johtui. Mies mittasi häntä raskain katsein ja ilahtui nopeasti.

»Ehkäisevä toimenpide, hyvä herra», vastasi hän vilkkaasti elehtien. »Poliisin määräys, joka onkin hyväksyttävä. Tällainen sää painostaa, shirokkotuuli ei ole terveydelle sopiva. Lyhyesti, ymmärrättehän — ehkä liioiteltua varovaisuutta.»

Aschenbach kiitti häntä ja jatkoi matkaansa. Laivallakin, joka kuljetti hänet takaisin Lidolle, hän tunsi nyt samaa torjuvan välineen hajua.

Palattuaan hotelliin hän meni heti hallin sanomalehtipöydän luo ja tutki lehtiä. Vieraskielisistä hän ei löytänyt mitään. Kotimaiset lehdet levittivät huhuja, esittivät häilyviä numerotietoja, painattivat virallisia peruutuksia ja epäilivät niiden todenperäisyyttä. Näin oli itävaltalaisten ja saksalaisten ainesten lähtö selitettävissä. Muihin kansallisuuksiin kuuluvat eivät ilmeisesti tienneet mitään, aavistaneet mitään, eivät olleet vielä käyneet levottomiksi. Täytyy olla vaiti! ajatteli Aschenbach kiihtyneenä heittäessään sanomalehdet takaisin pöydälle. Täytyy pysyä siitä vaiti!

Mutta samalla hänen sydämensä täytti tyytyväisyys sen seikkailun johdosta, johon ulkomaailma oli joutumaisillaan. Sillä intohimolle samoin rikoksellekaan ei arkipäivän taattu järjestys ja menestys ole mieleen, ja jokainen porvarillisen sauman höllentyminen, jokainen maailman hämmennys ja koettelemus on sille tervetullut, koska se voi epämääräisesti toivoa siitä koituvan itselleen etua. Niinpä Aschenbach tunsi hämärää tyytyväisyyttä nähdessään esivallan selittävän kaunistellen Venetsian likaisten kujien tapahtumia, kaupungin ilkeää salaisuutta, joka sulautui hänen omaan sisimpään salaisuuteensa ja jonka säilyttäminen oli hänelle niin tärkeätä. Sillä rakastunut ei ollut mistään niin huolissaan kuin siitä, että Tadzio voisi matkustaa pois, ja hän tajusi kauhistuen, ettei hän osaisi enää elää, jos niin kävisi.

Viime aikoina hän ei tyytynyt kiittämään vain päiväjärjestystä ja sattumaa siitä, että hän pääsi kaunokaisen lähelle, vaan hän suorastaan ajoi takaa ja väijyi Tadziota. Sunnuntaisin esimerkiksi puolalaiset eivät milloinkaan näyttäytyneet rannalla; hän arvasi heidän menevän San Marcolle messuun. Hän kiiruhti sinne ja astuttuaan torin hehkusta pyhäkön kultaiseen hämärään löysi kaivattunsa rukouspenkin yli kumartuneena jumalanpalveluksessa. Silloin hän seisoi taempana, halkeamia täynnä olevalla mosaikkipermannolla, keskellä polvistuvaa, mutisevaa, ristinmerkkejä tekevää kansaa, ja itämaisen temppelin ahdinkoinen loisto painoi upeana hänen aistejaan. Etualalla liikkui, puuhaili ja lauloi ylen koristeltu pappi, suitsutus nousi ilmaan, verhoten sumuun alttarikynttilöiden voimattomat liekit, ja painostavan äitelään uhrituoksuun tuntui lievästi sekoittuvan toinen, sairastuneen kaupungin tuoksu. Mutta sumun ja väikkeen läpi Aschenbach näki, että Tadzio käänsi päätänsä, etsi häntä ja huomasi hänet.

Kun kansanjoukko sitten virtasi avattuja käytäviä pitkin kyyhkysiä viliseville torille, piiloutui huumattu pylväskäytävään, kätkeytyi, asettui väijyksiin. Hän näki puolalaisten tulevan kirkosta, näki sisarusten kursailevin menoin sanovan hyvästi äidilleen ja näki tämän kääntyvän kotimatkalle Piazzettalle päin; hän totesi, että kaunokainen, nunnamaiset sisaret ja kotiopettajatar valitsivat oikeanpuolisen tien, joka vei kellotornin portin kautta Merceriaan ja päästettyään heidät jonkun verran edelle seurasi heitä salaa heidän retkeillessään Venetsian läpi. Hänen täytyi pysähtyä, kun he viivyttelivät, paeta ravintoloihin ja pihoihin päästäākseen takaisin palaavat ohitseen; hän kadotti heidät näkyvistään, etsi heitä kiihtyneenä ja uupuneena silloilta ja likaisilta umpikujilta ja kärsi kuolettavan tuskan hetkiä, kun hän näki heidän äkkiä tulevan vastaansa ahtaassa läpikulkupaikassa, jossa ei ollut mahdollisuutta peräytyä. Ei silti sovi sanoa, että hän kärsi. Hänen päänsä ja sydämensä olivat hurmaantuneet, ja hänen askeleensa seurasivat sen paholaisen ohjeita, jolle tuottaa huvia polkea jalkoihinsa ihmisen järki ja arvo.

Jostakin Tadzio ja hänen omaisensa sitten kai ottivat gondolin, ja Aschenbach, joka heidän astuessaan veneeseen, oli jonkun rakennuksen ulokkeen tai kaivon suojassa, teki samoin pian senjälkeen, kun he olivat lykänneet veneen vesille. Hän puhui nopeasti ja hillitysti pyytäessään melojaa, runsaat juomarahat luvaten, huomiota herättämättä jonkun välimatkan päässä seuraamaan gondolia, joka juuri kääntyi nurkan taakse. Häntä puistatti, kun mies parittajan lailla veitikkamaisen auliisti samalla äänellä vakuutti, että häntä palveltaisiin tunnontarkasti.

Niin hän sitten lipui ja keinui, pehmeihin, mustiin pieluksiin nojaten, toisen mustan nirkkokärkisen veneen perässä, jonka vanaveteen intohimo kahlitsi hänet. Toisinaan se hävisi hänen näkyvistään; silloin hän tunsi surua ja levottomuutta. Mutta hänen kuljettajansa, ikäänkuin olisi sellaisiin tehtäviin hyvin harjaantunut, osasi taitavin kääntein, nopeasti puikkelehtien ja lyhyimmän tien valiten tuoda halutun taas hänen näkyvilleen.

Ilma oli tyyni ja tuoksuinen; aurinko paloi raskaana usvan takaa. Vesi löi kulisten puuta ja kiveä vasten. Melojan puolittain varoitus-, puolittain tervehdyshuutoon kuului vastaus sokkelotienoon hiljaisuudesta kummallisen sopimuksen mukaisesti. Pienistä, korkealle rakennetuista puutarhoista riippui rosoisten muurien yli kukkasarjoja, valkoisina ja purppuraisina, mantelilta tuoksuvina. Arabilaisia ikkunakehyksiä piirtyi hämyiseen ilmaan. Erään kirkon marmoriset porrasaskelmat ulottuivat aallokkoon, muuan kerjäläinen kyyhötti niillä kurjuuttaan vakuutellen, piteli hattuaan ojolla ja näytteli silmävalkuaisiaan tekeytyen sokeaksi. Vanhojen esineiden kaupustelija, myymälärähjänsä edessä seisten, kehoitti matelevin elein ohikulkijoita pysähtymään toivoen pääsevänsä heitä pettämään.

Tämä oli Venetsia, mairitteleva ja epäilyttävä kaunotarkaupunki, puoleksi runo, puoleksi vierasten pyydys, jonka tunkkaisessa ilmassa taide muinoin rehoitti ylenpalttisena ja joka antoi soittotaiteilijoille keinuttavia ja riettaasti uneen tuudittavia säveliä. Seikkailevasta tuntui, että hänen silmänsä ahmi sellaista upeutta ja että hänen korvansa täyttyi sellaisista sävelistä. Hänelle muistui samalla mieleen, että kaupunki oli sairas, mutta salasi sen voitonhimonsa takia, ja hän tähysteli entistä hillittömämmin edessä lipuvaa gondolia.

Niinpä hämmentynyt mies ei tiennyt eikä halunnut enää muuta kuin seurata herkeämättä olentoa, joka sytytti hänet, uneksia hänestä, kun ei ollut saapuvilla, ja antaa rakastuneiden lailla hänen pelkälle varjokuvalleen helliä nimiä. Yksinäisyys, vieraus ja myöhäisen ja syvän huuman onni rohkaisivat ja yllyttivät hänet häpeämättä ja punastumatta antautumaan sellaiseenkin oudoksuttavaan tekoon, joka sitten todella oli tapahtunutkin, että hän myöhään illalla Venetsiasta palattuaan oli hotellin ensi kerroksessa pysähtynyt kaunokaisen huoneen oven eteen, nojannut täydelleen humaltuneena otsansa oven pihtipieleen eikä kyennyt pitkään aikaan lähtemään tiehensä, vaikka oli ollut joka hetki vaarassa, että hänet yllätettäisiin ja tavattaisiin näin mielettömästä asennosta.

Silti ei häneltä puuttunut mielenmaltin ja osittaisen selvyyden hetkiä. Millä teillä liikunkaan! ajatteli hän tyrmistyneenä. Millä teillä! Kuten jokainen mies, jossa luontaiset ansiot herättävät aristokraattista harrastusta polveutumiseensa, oli hänkin tottunut elämänsä saavutuksissa ja tuloksissa ajattelemaan esi-isiään, vakuuttautumaan hengessään heidän myöntymyksestään, heidän tyydyttämisestään, heidän välttämättömästä kunnioituksestaan. Hän ajatteli heitä nytkin, ja täällä, kietoutuneena näin kestämättömään elämykseen, tunteen eksoottisiin mässäilyihin vaipuneena, hän ajatteli heidän olemuksensa ryhdikästä ankaruutta, siveellistä miehekkyyttä ja hymyili raskasmielisesti. Mitä he sanoisivat?

Mutta toisaalta, mitä he olisivat sanoneet koko hänen elämästään, joka oli loitonnut heidän elämästään suorastaan muodottomuuteen saakka, tästä taiteen kammitsoimasta elämästä, josta hän itse kerran isien porvarillisen hengen mukaisesti oli antanut kuulua niin ivallisia nuoruudentunnustuksia ja joka oli pohjaltaan ollut niin tuiki samanlaista kuin heidän! Hänkin oli palvellut, hänkin ollut sotilas ja taistomies kuten monet heistä — sillä taide oli sotaa, raastavaa taistelua, johon ei nykyisin kauan kyettäisi. Itsensä voittaneen ja uhmaa kantaneen elämää, karua, lujaa ja pidättyvää elämää, jonka hän oli muovaillut suloisen ja ajanmukaisen sankariuden vertauskuvaksi, hän sai sanoa ainakin miehekkääksi, urheaksi, ja hänestä oli tuntuvinaan, että se Eros, joka oli hänet vallannut, oli jollakin lailla erikoisen sopiva ja taipuvainen sellaiseen elämään.

Eikö hän ollut mitä urheinten kansojen keskuudessa saavuttanut verratonta arvonantoa, eikö lisäksi voinut väittää, että hän oli niiden kaupungeissa kukoistanut urheudellaan? Lukuisat entisajan sotasankarit olivat kestäneet hänen ikeensä mielellään, sillä eihän mikään alennustila, jonka se jumala sääti, ollut pätevä, ja teot, joita pidettäisiin heikkouden tunnusmerkkeinä, jos ne olisivat tapahtuneet jonkun toisen päämäärän takia, kuten polvistumiset, valat, kiihkeät rukoukset ja orjamainen esiintyminen, eivät olleet rakastavalle häpeäksi, vaan hän niitti pikemminkin niistä kunniaa.

Siinä piirissä liikkui hämmentyneen ajatustapa, siten hän koetti tukea itseään, puolustaa arvoaan. Mutta samalla hän alati kohdisti vainuavan ja itsepintaisen huomion Venetsian sisäisiin epäpuhtaihin tapahtumiin, siihen ulkomaailman seikkailuun, joka hämärästi liittyi hänen sydämensä seikkailuun ja ravitsi hänen kiihkoaan epämääräisillä, laittomilla toiveilla. Ahnaasti haluten saada selville jotakin uutta ja varmaa pahan tilasta ja kehityksestä hän selaili kaupungin kahviloissa paikallisia sanomalehtiä, jotka useita päiviä sitten olivat kadonneet hotellin hallin lukupöydältä. Niissä esitettiin väitteitä ja peruutuksia. Sairaus- ja kuolemantapausten lukumäärä kuului nousevan kahteen-, neljäänkymmeneen, sataan, jopa enempäänkin, ja samassa hengenvedossa pantiin kulkutauti, ellei sitä suorastaan evätty, ainakin esiintymään ihan yksinäisinä ulkoapäin kaupunkiin pujahtaneina tapauksina. Joukkoon oli siroitettu varoittavia arveluita ja vastalauseita italialaisten viranomaisten vaarallisen leikin johdosta. Varmuutta ei ollut saatavissa.

Silti yksinäinen oli tietoinen jostakin erikoisoikeudesta saada osansa tästä salaisuudesta, ja vaikka hän olikin eristettynä, tunsi hän merkillistä tyydytystä, kun sai ahdistaa tietäviä kietovilla kysymyksillä ja pakottaa ilmeiseen valheeseen ne, jotka olivat sitoutuneet vaikenemaan. Niinpä haukatessaan eräänä päivänä aamiaista isossa ruokasalissa hän vaati tilille hotellinhoitajan, pienen hiljaa liikkuvan, ranskalaiseen pitkääntakkiin puetun miehen, joka tervehtien ja valvoen liikuskeli ruokailevien joukossa ja pysähtyi Aschenbachinkin pienen pöydän ääreen vaihtamaan jonkun sanan.

»Minkä vuoksi oikeastaan», kysyi vieras veltosti ja kuin ohimennen, »minkä ihmeen vuoksi Venetsiassa on jo jonkun aikaa desinfioitu?»

»Se on», vastasi hiiviskelijä, »vain poliisilaitoksen toimenpide, ja sen tarkoituksena on velvollisuuden mukaisesti ja ajoissa estää kaikenlaiset yleisen terveyden haitat ja häiriöt, joita paahtava ja poikkeuksellisen lämmin sää voisi synnyttää».

»Poliisilaitos ansaitsee siitä tunnustuksen», vastasi Aschenbach.

Tehtyään vielä joitakin ilmatieteellisiä huomautuksia hotellinhoitaja poistui hänen luotansa.

Saman päivän illalla, päivällisen jälkeen sattui, että kaupungista saapunut pieni katulaulajaseurue esiintyi hotellin etupuutarhassa. Heitä oli kaksi miestä ja kaksi naista, ja he seisoivat erään kaarilampun rautaisen patsaan juurella valkoisina hohtavat kasvot käännettyinä parvekkeelle päin, missä kylpyläseurue kahvin ja vilvoittavien juomien ääressä istuen suostui nauttimaan kansanomaisesta esityksestä.

Hotellin palveluskunta, hissipoikia, tarjoilijoita ja konttoriapulaisia, näkyi kuuntelemassa eteisoven luona. Venäläisperhe, nautinnossaan innokkaana ja perinpohjaisena, oli tuottanut itselleen ruokotuoleja puutarhaan päästäkseen lähemmäksi soittajia ja istui siellä kiitollisena puoliympyrässä. Herrasväen takana, turbaanimainen huivi päässä, seisoi heidän vanha orjattarensa.

Kerjäläistaiturit hoitelivat mandoliinia, kitaraa, haitaria ja vinguttavaa viulua. Soitannollisia suorituksia seurasivat laulunumerot; niinpä nuorempi naisista yhtyi terävällä, rääkyvällä äänellä äitelästi kurkkuun laulavan tenorin kanssa kaihoavaan lemmenduettoon. Mutta seurueen varsinaiseksi kyvyksi ja johtajaksi osoittautui epäämättömästi toinen miehistä, kitaran omistaja ja näköjään eräänlainen koomikko-baritoni, sen ohessa melkein vailla ääntä, mutta lahjakas elehtijä ja huomattava kyky ilveilijänä.

Usein hän erosi toisten joukosta, ruhokas soittokone sylissään, ja tunkeutui näytellen katsomopartaaseen päin, missä hänen hulluttelunsa palkittiin kehoittavalla naurulla. Erittäinkin venäläiset, permantopaikoillaan istuen, ilmaisivat ihastustaan nähdessään näin pätevää etelämaista eloisuutta ja yllyttivät häntä suosionosoituksin ja huudoin esiintymään yhä rohkeammin ja varmemmin.

Aschenbach istui kaiteen ääressä ja vilvoitti silloin tällöin huuliaan granaattiomenamehun ja soodaveden sekoituksella, joka rubiininpunaisena kimalteli lasissa hänen edessään. Hänen hermonsa ottivat halukkaasti vastaan renkuttavat soinnut, jokapäiväiset ja kaihoavat sävelet, sillä intohimo lamauttaa valikoivan mielen ja antautuu tosissaan sulojen valtaan, jotka selvä järki käsittäisi humoristisesti tai hylkäisi harmistuneena. Ilveilijän hypyt olivat vääntäneet hänen piirteensä jäykkään ja jo tuskaa tuottavaan hymyyn. Hän istui siinä velttona, äärimmäisen tarkkaavaisuuden jännittäessä hänen sisintään, sillä kuuden askelen päässä hänestä nojasi Tadzio kivikaidetta vasten.

Hän seisoi siinä valkoisessa vyöpuvussaan, jonka hän joskus otti ylleen pääaterian ajaksi, välttämättömän ja synnynnäisen suloisena, vasen käsivarsi rintasuojustalla, jalat ristissä, oikea käsi kannattavalla lanteella, ja katsellessaan laulajia hänellä oli ilme, jossa tuskin oli hymyä, vain kaukaista uteliaisuutta ja kohteliasta hyväksymistä. Väliin hän ojentautui ja veti, rintaansa laajentaen, tehden molemmilla käsivarsillaan kauniin liikkeen, valkoisen puseronsa suoraksi nahkavyön alta. Mutta väliin taas, ja vanheneva huomasi sen riemuiten, järjen huumaantuessa ja samalla kauhistuessa, poika käänsi katseensa epäröiden ja varovaisesti tai nopeasti ja äkkiä, kuin olisi mielessä yllätys, vasemman olkapään ylitse suosijansa paikkaa kohti. Hän ei tavannut Aschenbachin silmiä, sillä häpeällinen pelko pakotti hairahtuneen miehen pitämään katseensa tarkasti aisoissa.

Parvekkeen taustalla istuivat naiset, jotka vaalivat Tadziota; ja niin pitkälle oli jo tultu, että rakastuneen täytyi pelätä joutuneensa huomion ja epäilyksen alaiseksi. Niin, miltei jähmettyneenä hän oli usein, rannalla, hotellin hallissa ja San Marcon torilla, tullut huomaamaan, että Tadziota huudettiin pois hänen läheisyydestään, koetettiin pitää poikaa loitolla hänestä — ja hän oli siitä tehnyt kauhean loukkaavan johtopäätöksen, joka sai hänen ylpeytensä vääntelehtimään tuntemattomissa tuskissa ja jota torjumasta omatunto esti häntä.

Sillä välin oli kitaraniekka aloittanut yksinlaulun, monta säkeistöä sisältävän, juuri silloin koko Italiassa yleisesti tunnetun katulaulun, jonka kertoon seuralaiset joka kerta laulaen ja kaikkia soittimia viljellen yhtyivät ja jonka hän osasi esittää plastillisen dramaattisella tavalla. Hintelätekoisena ja kasvoiltaankin laihana ja kuoppaisena hän seisoi hiekalla seuralaisista erillään, kehno huopahattu niskassa, niin että töyhtö hänen punaista tukkaansa tuli esiin lieren alta, julkeaa taituruutta ryhdissään, ja linkosi soittimenkielen kumistessa tehokkaalla puhelaululla sukkeluuksiaan parvekkeelle, otsasuonten paisuessa tuotteliaasta ponnistuksesta.

Hän ei näyttänyt olevan venetsialaista lajia, pikemminkin hän kuului napolilaisten koomikkojen rotuun, puoleksi ilotytön elätti, puoleksi näyttelijä, raaka ja uhkarohkea, vaarallinen ja huvittava. Hänen lauluunsa, joka sisällöltään oli vain typerä, tuli hänen suussansa, hänen kasvoneleittensä, ruumiinliikkeittensä, tarkoittavan vilkuilunsa takia ja kun hän antoi kielensä rivosti lipoa suupieliä, jotakin kaksimielistä, epämääräisen sopimatonta. Pehmeäkauluksisesta urheilupaidasta, jota hän piti vastoin muuten niin kaupunkilaista ulkoasuaan, nousi hänen laiha kaulansa, jossa näkyi huomattavan iso ja alastomalta vaikuttava aataminomena. Hänen kalpeat, nykerönenäiset kasvonsa, joiden parrattomista piirteistä oli vaikea arvata hänen ikäänsä, näyttivät irvistysten ja paheitten uurtamilta, ja hänen liikkuvan suunsa virnistykseen sopivat merkillisesti molemmat rypyt, jotka uhmailevina, käskevinä, miltei hurjina kulkivat punaisten kulmakarvojen välissä.

Mutta Aschenbachin hartaan tarkkaavaisuuden sai häneen kohdistumaan etenkin se, että tuo epäilyttävä olento näytti kuljettavan mukanaan omaa epäilyttävää ilmapiiriään. Aina näet, kun kertosäe jälleen toistui, teki laulaja ilveiden, tervehtivin kädenpuristuksin hassunkurisen kiertokulun, joka vei hänet ihan Aschenbachin paikan alitse, ja joka kerta, kun näin tapahtui, lehahti hänen vaatteistaan ja hänen ruumiistaan vahva karbolinhaju ylös parvekkeelle.

Lopetettuaan kuplettinsa hän alkoi kerätä rahaa. Hän aloitti venäläisistä, joiden nähtiin alttiisti maksavan hänelle, ja tuli sitten portaita ylös. Niin julkeana kuin hän oli esiintynyt tuotantonsa aikana, yhtä nöyräksi hän nyt osoittautui täällä ylhäällä. Köyryselkäisenä ja kumarrellen hän hiipi pöytien välissä, ja kavalan alamaisen hymyn takaa paljastuivat hänen tukevat hampaansa, mutta hänen punertavien kulmakarvojensa välissä pysyivät molemmat vaot yhä uhkaavina.

Tätä outoa, elatustansa keräävää olentoa mittailtiin uteliain ja eräänlaista inhoa ilmaisevin katsein, viskattiin hyppysten kärjillä pikkuraha hänen huopahattuunsa ja varottiin kajoamasta häneen. Kun ruumiillinen välimatka poistetaan ilvehtijän ja säädyllisten ihmisten kesken, synnyttää se, olkoonpa hupi kuinka vaikuttava tahansa, aina jonkunlaista noloutta. Hän tunsi sen ja yritti puolustautua matelevaisuudella. Hän tuli Aschenbachin luo ja hänen mukanaan tuoksu, jota kukaan ympärillä olevista ei näyttänyt ajattelevan.

»Kuulehan», sanoi yksinäinen kuiskaten ja miltei tahtomattaan, »Venetsiassa desinfisioidaan. Miksi?» Ilvehtijä vastasi käheästi:

»Poliisin takia. Se on määräys, hyvä herra, tällaisessa helteessä ja shirokon käydessä. Shirokko painostaa. Se ei ole terveydelle hyväksi...»

Hän puhui kuin kummastellen, että sellaista voi kysyä, ja näytti kämmenpohjallaan, kuinka kovin shirokko painosti.

»Venetsiassa ei siis ole kulkutautia?» uteli Aschenbach hyvin hiljaa ja hammasten välistä puhuen.

Kujeilijan lihaksiset piirteet vääntyivät koomillista neuvottomuutta ilmaisevaan virnistykseen.

»Kulkutautia? Entä mitä tautia? Onko shirokko tauti? Onko kukaties järjestysvaltamme tauti? Suvaitsette laskea leikkiä! Tautia! Miksei sentään! Ehkäisevä toimenpide, ymmärrättehän! Poliisiviranomaisten määräys painostavan sään vaikutuksia ehkäisemään...»

Hän heilautti kättänsä.

»Hyvä on», virkkoi Aschenbach lyhyesti ja hiljaa ja pudotti äkisti hattuun määrältään suuriarvoisen kultarahan.

Sitten hän viittasi katseellaan miestä poistumaan. Tämä totteli virnistäen ja kumarrellen. Mutta hän oli tuskin ehtinyt portaille, kun kaksi hotellipalvelijaa hyökkäsi hänen kimppuunsa ja ryhtyi, kasvot ihan lähellä hänen kasvojaan, kuiskaavalla äänellä kuulustelemaan häntä. Ilvehtijä kohautti hartioitaan, vakuutteli, vannoi pysyneensä vaiti — sen näki. Päästyään vapaaksi hän palasi puutarhaan ja neuvoteltuaan tuokion kaarilampun alla toveriensa kanssa astui jälleen esille kaiuttamaan kiitos- ja jäähyväislaulua.

Se oli laulu, jota yksinäinen ei muistanut varemmin kuulleensa. Käsittämättömään murreasuun runoiltu julkea vetonumero, jonka naurukertoon seurue säännöllisesti yhtyi täysin kurkuin. Tällöin laukesivat sekä sanat että soittimien säestys, ja jäljelle jäi vain poljennollisesti jotenkuten sovitettu, mutta luontevasti käsitelty nauru, jonka nimenomaan johtolaulaja osasi verrattoman kyvykkäästi kehittää mitä pettävimmän ilmeikkääksi.

Kun hänen ja herrasväen välille oli jälleen palautettu taiteellinen välimatka, oli hän saavuttanut uudelleen kaiken julkeutensa, ja hänen taidenaurunsa, hävyttömästi parvekkeelle singottu, oli ivahohotusta. Jo säkeistön sanallista loppua lähestyttäessä hän näytti taistelevan hillitsemätöntä kutitusta vastaan. Häntä nikotti, hänen äänensä särähti, hän painoi käden suullensa, hän vääntelі olkapäitään, ja oikean hetken tullen hänestä räjähti, ulvahti ja puhkesi hillitön nauru, todellista siihen määrään jäljittelevä, että se vaikutti tartuttaen ja levisi kuulijoihin, niin että parvekkeellakin syntyi vastustamaton ja vain itsestään elävä rattoisuus. Se tuntui olevan omiaan yllyttämään laulajan vallattomuutta. Hän notkisti polviaan, läimäytteli reisiään, piteli kylkiään; hän halusi purkaa sydämensä, hän ei nauranut enää, hän kirkui. Hän osoitti sormellaan ylös ikäänkuin maailmassa ei olisi mitään koomillisempaa kuin parvekkeen naurava seurue, ja lopulta sitten naurettiin kaikkialla, puutarhassa ja parvekkeella, tarjoilijoita, hissipoikia ja ovissa liikkuvia palvelijoita myöten.

Aschenbach ei lepäillyt enää tuolissa; hän istui pystyssä ikäänkuin yrittäisi torjua tai paeta jotakin. Mutta nauru, parvekkeelle leijaileva sairaalatuoksu ja kaunokaisen läheisyys kiehtoivat hänet unenlumoon, joka hellittämättä piti hänen päätänsä, hänen aistimiansa vangittuina.

Yleisen liikehtimisen ja hajaannuksen aikana hän uskalsi silmätä Tadziota, ja silloin hän sai huomata, että vastatessaan hänen katseeseensa kaunokainen kävi vakavaksi, kuin olisi sovittanut ryhtinsä ja eleensä toisen esikuvan mukaan ja ikäänkuin yleinen mieliala ei vaikuttaisi häneen mitään, koska toinenkin sen vältti. Tässä lapsekkaassa ja suhdetta ilmaisevassa mukautuvaisuudessa oli jotakin niin aseistariisuvaa, valloittavaa, että harmaahapsi vain vaivoin pidättyi peittämästä kasvoja käsiinsä. Hänestä oli lisäksi tuntuvinaan, että Tadzion äskeinen kohottautuminen ja hengitys ilmaisi huokausta ja rinnan ahdistusta.

Hän on kivuloinen, hän ei todennäköisesti elä vanhaksi, arveli hän jälleen siihen asialliseen tapaan, johon huuma ja kaipuu toisinaan ihmeellisesti vapautuvat. Ja puhdas säälintunne yhtyneenä irstaaseen tyydytykseen täytti hänen sydämensä.

Venetsialaiset olivat sillä välin lopettaneet ja tekivät lähtöä. Suosionosoitukset saattelivat heitä, eikä heidän johtajansa unohtanut koristaa lähtöänsä hupaisilla tempuilla. Hänen jalanraapaisuilleen ja lentosuukoilleen naurettiin, ja siitä hyvästä hän yltyi yhä. Kun hänen toverinsa olivat jo poissa, oli hän juoksevinaan takaperin muuatta lampunpylvästä vasten ja hoippui tuskasta vääränä portille päin. Siellä vasta hän äkkiä loi kasvoiltaan koomillisen onnenheiton naamarin, suoristautui, poukahti joustavasti pystyyn, näytti parvekevieraille julkeasti kieltänsä ja katosi pimentoon.

Kylpyvieraat hajaantuivat. Tadzio ei seissyt enää kaidetta vasten. Mutta yksinäinen istui vielä kauan tarjoilijain kummaksi pöytänsä ääressä, edessään omenajuoman tähteet. Yö joutui, aika kului. Hänen vanhempiensa kotona oli monia vuosia sitten ollut hiekkakello — hän näki jälleen tuon hauraan ja tärkeän pikkuesineen, ikäänkuin se olisi hänen edessään. Äänettömästi ja hienona suihkeena norui sen ruosteenpunainen hiekka ahtaasta lasikourusta, ja kun se ylemmässä ontelossa oli loppumaisillaan, syntyi siinä pieni, kiehuva pyörre.

Ja seuraavana päivänä iltapuolella itsepintainen teki uuden yrityksen johdattaakseen ulkomaailman kiusaukseen, ja tällä kerralla oli tulos paras mahdollinen. Hän poikkesi näet Markustorilta sen laidassa olevaan englantilaiseen matkailutoimistoon ja vaihdettuaan kassasta hieman rahaa esitti virkailijalle epäluuloisen muukalaisen ilmein kohtalokkaan kysymyksensä. Mies oli villapukuinen, vielä nuori englantilaistyyppi, tukka keskeltä jakaukseen suoritettu, silmät lähellä toisiaan. Hänen olemuksestaan ilmeni sitä täsmällistä luontevuutta, joka ilkamoivan nokkelassa etelässä vaikuttaa niin vieraalta ja niin merkilliseltä. Hän aloitti:

»Ei ole syytä huolestua, sir. Vakavaa merkitystä vailla oleva toimenpide. Sellaiseen järjestelyyn turvaudutaan usein, jotta torjuttaisiin helteen ja shirokon terveydelle vaaralliset vaikutukset...»

Mutta kehottaessaan siniset silmänsä hän tapasi muukalaisen katseen, väsyneen ja hieman surumielisen katseen, joka suuntautui hänen huuliinsa lievän halveksivasti. Silloin englantilainen punehtui.

»Se on», jatkoi hän puoliääneen ja hieman liikutettuna, »virallinen selitys, johon täällä on pakko tyytyä. Sanon teille heti, että siihen kätkeytyy hieman muutakin.»

Ja sitten hän kertoi totuuden rehdillä ja sulavalla kielellään.

Jo useita vuosia oli intialainen kolera osoittanut lisääntyvää oiretta levitä ja siirtyä maasta toiseen. Siinneenä Ganges-suistomaan kuumissa hetteissä, nousseena myrkyllisten usvien mukana noista rehevän kelpaamattomista, ihmisten kaihtamista alkumetsä- ja saariaarnioista, joiden bambutiheiköissä tiikeri vaanii, kulkutauti oli raivonnut jatkuvasti ja tavattoman ankarana koko Hindustanissa, vaeltanut sieltä itäänpäin Kiinaan, länteen päin Afganistaniin ja Persiaan ja liikkuen karavaaniliikenteen valtateitä kuljettanut kauhunsa Astrakaniin, jopa Moskovaan saakka. Mutta Euroopan vapisten pelätessä, että kummitus voisi täältä löytää tiensä maitse, se putkahti, syrialaisten kauppiasten hoteissa meren yli päässeenä, miltei samanaikaisesti esille monissa Välimeren satamissa, oli nostanut päätänsä Toulonissa ja Malagassa, näyttänyt naamarinsa monesti Palermossa ja Napolissa eikä tuntunut haluavan enää väistyä koko Kalabriasta ja Apuliasta.

Niemimaan pohjoisosa oli säästynyt. Mutta kuluvan vuoden toukokuun keskivaiheilla tavattiin Venetsiassa samana päivänä erään laivamiehen ja erään vihanneskaupustelijattaren kuihtuneissa, mustuneissa ruumiissa pelottavia vibrioneja. Nämä tapaukset salattiin. Mutta viikon kuluttua niitä oli kymmenen, niitä oli kaksikymmentä, kolmekymmentä lisäksi eri kaupunginosissa. Muuan Itävallan puolelta Venetsiaan muutamiksi päiviksi huvittelemaan tullut mies kuoli kotikylään palattuaan epäämättömin taudinoirein, ja sitä tietä joutui saksalaisiin päivälehtiin ensimmäinen huhu laguunikaupungissa raivoavasta kulkutaudista.

Venetsian viranomaiset julkaisuttivat vastauksen, että kaupungin terveysolot eivät olleet milloinkaan olleet paremmalla kannalla, ja ryhtyivät välttämättömiin keinoihin taudin vastustamiseksi. Mutta elintarpeet olivat ilmeisesti saastuneet, vihannekset, liha tai maito, sillä evättynä ja vaiennettuna kuolema ahmi saalista ahtaissa katusokkeloissa, ja ennen aikojaan puhjennut kesähelle, joka lämmitti kanavien veden haaleaksi, oli erikoisen edullinen taudin leviämiselle.

Tuntui kuin kulkutaudin voimat olisivat uudelleen elpyneet, kuin sen synnyttäjien sitkeys ja hedelmällisyys olisi kasvanut kaksinkertaiseksi. Toipumistapaukset olivat harvinaisia, kahdeksankymmentä sadasta sairastuneesta kuoli kerrassaan kauhealla tavalla, sillä paha ilmeni äärimmäisen rajuna ja esiintyi useimmiten siinä vaarallisimmassa muodossaan, jota on sanottu »kuivaksi rutoksi». Tällöin ei ruumis kyennyt heti hikoamaan vettä, jota suoniverkosto eritti vallan tavattomat määrät. Muutamissa hetkissä potilas kuihtui ja tukehtui kouristuksiin ja käheään voihkinaan veren muuttuessa pikimäisen sitkeäksi. Onnellinen se, jossa, kuten joskus sattui, tauti puhkesi lyhyen pahoinvoinnin jälkeen syvässä tainnostilassa, josta hän ei enää herännyt tai tuskin heräsi.

Kesäkuun alussa täyttyivät Ospedale civicon eristysvajat kaikessa hiljaisuudessa, molemmissa orpokodeissa alkoi tuntua tilanahtaus, ja uuden laiturin ja San Michelen hautuumaan välillä oli kammottavan vilkas liikenne.

Mutta se pelko, että koituisi suuri yleinen vahinko, huoli vastikään yleisissä puutarhoissa avatun taulunäyttelyn menestyksestä, se ajatus, kuinka tavattoman tappion hotellit, liikkeet, koko monihaarainen vierasliikenne joutuisivat kärsimään, jos syntyisi pakokauhu ja kaupunki tulisi huonoon huutoon, osoittautuivat voimakkaammiksi kuin totuudenrakkaus ja kansainvälisten sopimusten kunnioitus; ne saivat viranomaiset jatkamaan itsepintaisesti vaitiolo- ja kieltopolitiikkaansa. Venetsian ylin lääkintävirkamies, ansioitunut mies, oli närkästyneenä eronnut toimestaan, ja hänen tilalleen oli kädenkäänteessä nimitetty mukautuvaisempi henkilö.

Kansa tiesi asiat. Ylempien mädännäisyys yhtyneenä yleiseen epävarmuuteen, poikkeustilaan, johon riehuva kuolema oli syössyt kaupungin, aiheutti alemmissa kerroksissa eräänlaisen tapojen höltymisen; se oli omiaan rohkaisemaan valonarkoja, yhteiskuntavastaisia viettejä, mikä ilmeni kohtuuttoman julkeana elämänä ja yltyvänä rikollisuutena.

Vastoin tapaa näki iltaisin paljon päihtyneitä. Pahankuriset maleksijat tekivät, niin sanottiin, kadut epävarmoiksi liikkua. Ryöstötapauksia, jopa murhatekojakin esiintyi, sillä ainakin kahdesti oli jo todettu, että näennäisesti kulkutaudin uhreiksi sortuneet henkilöt oli omien sukulaisten toimesta myrkyllä raivattu elämästä. Ja ammattimainen paheellisuus sai tunkeilevia ja rivoja muotoja, joita ei muutoin täällä tunnettu ja jotka olivat kotoisia ainoastaan eteläosassa Italiaa ja itämailla.

Näistä asioista englantilainen kertoi pääkohdat.

»Teette oikein», lopetti hän, »jos matkustatte jo tänään ettekä huomenna. Kahta päivää kauempaa ei tarvinne odottaa, että julkaistaan kielto lähteä täältä minnekään.»

»Kiitoksia», sanoi Aschenbach ja lähti toimistosta.

Torilla vallitsi auringoton viileys. Tietämättömät muukalaiset istuivat kahvilain edessä tai seisoivat kauttaaltaan kyyhkysten peitossa kirkon edustalla katsellen, kuinka linnut vilisten, räpistellen ja toisiaan tieltä tunkien tavoittivat nokillaan kämmenellä tarjottuja maissinjyviä.

Kuumeisen kiihtyneenä, riemuissaan, kun tiesi totuuden, tuntien kielellään ilkeän sivumaun ja sydämessään haaveellisen kauhun yksinäinen käveli edestakaisin loistotorin kiviliuskoilla. Hän punnitsi puhdistavaa ja säädyllistä toimintaa. Hän voisi illalla päivällisen jälkeen lähestyä helmikoristeista rouvaa ja lausua seuraavat suunnittelemansa sanat:

»Madame, sallikaa muukalaisen auttaa teitä neuvolla, varoituksella, jotka voitonhimo teiltä pidättää. Matkustakaa pois, heti, Tadzion ja tytärtenne kanssa. Venetsia on saastutettu.»

Ja sitten hän voisi hyvästiksi laskea kätensä ivallisen jumaluuden työaseen päälaelle, pyörähtää pois ja paeta tästä suosta.

Mutta hän tunsi samalla olevansa äärettömän kaukana ajatuksesta tosissaan näin menetellä. Se toisi hänet takaisin, palauttaisi hänet itselleen. Mutta ken on ulkona, ei inhoa mitään niin kuin palaamista omaan itseensä.

Hän muisteli muuatta valkoista rakennusta, joka oli koristettu iltaisin hohtavilla mietelauseilla; niiden kuultavaan mystiikkaan oli hänen henkensä silmä uponnut. Sitten hän muisti sen vaeltajaolennon, joka oli vanhenevassa herättänyt henkiin haihattelevan nuorukaiskaipuun lähteä tavoittamaan kaukaista ja vierasta. Ja se ajatus, että pitäisi palata kotiin, järkevään, selkeään, vaivaloiseen elämään ja mestaruuteen, oli hänestä niin vastenmielinen, että hänen kasvonsa vääntyivät ilmaisemaan ruumiillista pahoinvointia.

»Pitää pysyä vaiti!» kuiskasi hän kiihkeästi. Ja: »Minä pysyn vaiti!»

Se tietoisuus, että hän oli asiasta selvillä ja siis rikokseen osallinen, päihdytti hänet, kuten viinitilkka humalluttaa väsyneen sydämen.

Taudin saastuttaman ja avuttoman kaupungin kuva, väikkyen autiona hänen henkensä edessä, sytytti hänessä toiveita, käsittämättömiä, järjen yli meneviä ja kammottavan suloisia. Mitä olisi hänelle se vieno onni, josta hän vielä hetki sitten oli uneksinut, näiden odotusten rinnalla? Mihin kelpaisivat taide ja hyve kaaoksen tuottamien etujen vastapainona? Hän oli vaiti ja jäi.

Sinä yönä hän näki hirveän unen, mikäli uneksi voi sanoa ruumiillishenkistä elämystä, joka hänelle tosin sattui mitä syvimmässä nukkumistilassa ja täydellisimmässä riippumattomuudessa ja aistillisessa nykyisyydessä, mutta niin, ettei hän nähnyt itseään tapahtumien ulkopuolella avaruudessa liikkuvana ja mukanaolevana. Niiden näyttämönä oli pikemminkin hänen oma sielunsa, ja ne syöksyivät ulkoa sisään masentaen väkivaltaisesti hänen vastarintansa — syvän ja henkisen vastarinnan — kulkivat paikan läpi ja jättivät jälkeensä hänen olemuksensa, hänen elämänsä kulttuurin, raastettuna ja tuhottuna.

Alku oli pelkoa, pelkoa ja halua ja kauhistunutta uteliaisuutta kokea, mitä tapahtuisi. Oli yö, ja hänen aistimensa kuuntelivat, sillä etäältä lähestyi jymy, ryske, sekava häly: räminää, paukkinaa ja kumeaa jymyä, kimeää kirahtelua ja eräänlaista venytettyyn u-ääneen päättyvää ulvontaa — ja kaikkeen tähän sekoittui läpikäyvänä ja kammottavan suloisena syvän kuhertava, julkean sitkeä huilunsoitto, joka hurmasi sisälmykset häpeämättömän tunkeilevalla tavalla. Mutta hän tiesi sanan, hämärän, mutta tulossa olevaa tarkoittavan: Vieras jumala!

Savuava hehku syttyi. Hän tunsi vuoristoseudun; se muistutti hänen kesäasuntonsa tienoota. Ja häilähtelevässä valossa, metsäisiltä kukkuloilta, puunrunkojen ja sammaleisten kalliolouhosten lomitse vyöryi esille ja syöksyi alas yhtenä rykelmänä ihmisiä, eläimiä, kokonainen lauma, raivoava joukko — peittäen rinteen ruumiilla, liekeillä, hälyllä ja pyörryttävällä piirikarkelolla.

Naiset, kompastellen vyöstä riippuviin, liian pitkiin nahkakaistaleihin, ravistelivat tiukurumpuja ähkyvien, taaksepäin taivutettujen päittensä päällä, heiluttelivat suitsuavia soihtuja ja paljastettuja puukkoja, pitelivät kiemurtelevia käärmeitä niiden keskiruumiista tai kannattelivat kirkuen molemmin käsin rintojaan. Sarviotsaiset miehet, turkisnahkoihin vyötetyt ja takkupintaiset, vääntelivät niskojaan, kohottelivat käsivarsiaan ja sääriään, kumisuttivat vaskiastioita ja paukuttivat raivoissaan patarumpuja alastomien poikien pistellen hämätessä lehtevillä kepeillä pukkeja, joiden sarviin he takeltuivat ja joiden hyppyjen mukana he kirmasivat ilosta ulisten. Ja nämä hurmioituneet ulvoivat pehmeäkerakkeista ja venytettyyn *u*-äänteeseen päättyvää huutoa; se oli suloista ja samalla hurjaa, ennen koskaan kuulematonta — tässä se kaikui kuin hirven mylväisynä, ja tuossa se toistui moniäänisenä, raisun voitokkaana, sillä kiihdytettiin karkeloon ja jäsenten liikuntaan, eikä sitä päästetty hetkeksikään vaikenemaan. Mutta kaikesta kuului ja kaikkea kannatti huilun syvä, houkutteleva ääni. Eikö se houkutellut häntäkin, vastahakoisesti elävää, häpeämättömän sitkeästi tämän tuomiopäivän uhrin juhlaan ja joukkotelmeeseen?

Syvä oli hänen inhonsa, syvä hänen pelkonsa, rehellinen hänen tahtonsa turvata viimeiseen asti omaansa vieraalta, selkeän ja arvokkaan hengen viholliselta. Mutta häly, ulvonta, joka moninkertaistui kaikuvissa kallioseinissä, yltyi, kasvot voitokkaaksi, paisui mukaansa tempaavaksi hulluudeksi. Huurut tunkivat aistimiin, pukkien kirpeä lemu, läähättävien ruumiitten tuoksu ja lehahdus kuin tunkkaisen veden löyhkä ja sen mukana vielä toinen, ennestään tuttu, haavoilta ja kulkutaudilta tuoksahtava. Rummuniskuin takoi hänen sydämensä, hänen aivoissaan pyöri, raivo valtasi hänet, huikaisu, huumaava hekuma, ja hänen sielunsa himoitsi päästä liittymään jumalan piirikarkeloon.

Jumalan jättiläiskokoinen, puusta tehty, rietas vertauskuva paljastettiin ja korotettiin. Joukko ulvoi silloin hillittömämmin tunnussanan. Vaahto huulilla he temmelsivät, kiihdyttivät toisiaan rivoin elein ja kosiskelevin kädenliikkein, nauraen ja ähkien, työnsivät okasauvoja toistensa lihaan ja nuolivat veren jäsenistä. Mutta heidän mukanaan, heidän joukossaan oli nyt myös unennäkijä vieraalle jumalalle kuuliaisena. Niin, he olivat hän itse, kun he raastaen ja surmaten syöksyivät eläinten kimppuun ja nielivät ahmien höyryäviä riekaleita, kun pöyhityllä sammalpohjalla alkoi rajaton sekaantuminen jumalan uhriksi. Ja hänen sielunsa maistoi perikadon irstaisuutta ja raivoa.

Tästä unesta hän heräsi hervottomana, runneltuna ja voimattomasti pahan hengen lumoihin langenneena. Hän ei kaihtanut enää ihmisten tarkkaavia katseita; hän ei piitannut, vaikka paljastaisikin itsensä heidän epäluulolleen. Hehän sitäpaitsi kaikkosivat tienoolta, matkustivat pois. Monet rantakojut olivat tyhjillään. Ruokasalin vierasjoukkoon ilmestyi yhä laajempia aukkoja, ja kaupungilla näki enää harvoin muukalaisen. Totuus tuntui tihkuneen esille. Yhteisiä etuja ajavien sitkeästä ponnistelusta huolimatta ei pakokauhua voitu ehkäistä.

Mutta helmikoristeinen rouva jäi omaisineen, joko siksi, etteivät huhut saapuneet hänen korviinsa, tai hän oli liian ylpeä ja peloton niitä väistääkseen. Tadzio jäi. Ja hämmennystilassaan Aschenbach arveli toisinaan, että pako ja kuolema voisivat karkoittaa ympäristöstä kaiken häiritsevän elämän ja hän saisi jäädä tälle saarelle yksin kaunokaisen seuraan — niin, kun hänen katseensa aamupäivisin merenpartaalla lepäsi raskaana, vastuuntunnotta, hievahtamattomana kaihotussa olennossa, kun hän päivän painuessa hiipi arvottomasti pojan jäljestä kujilla, joissa inha kuolema liikkui verhotulla tavalla, tuntui tämä kammottava hänestä toivoa lupaavalta ja siveyslaki kuolleelta.

Kuten rakastava ainakin, halusi hän miellyttää ja tunsi karvasta tuskaa, ettei se ollut hänen vallassaan. Hän lisäili ulkoasuunsa nuorekkaan iloisia pikkuseikkoja; hän piti jalokiviä ja käytti tuoksuvesiä; hän uhrasi päivittäin paljon aikaa pukeutumiseen ja tuli ruokapöytään koristeltuna, kiihtyneenä ja jännittyneenä. Suloisen nuoruuden edessä, joka oli lumonnut hänet, hän inhosi vanhenevaa ruumistaan; nähdessään harmaat hiuksensa ja terävät kasvonpiirteensä hän vaipui häpeään ja toivottomuuteen. Häntä ajoi halu ruumiillisesti virkistyä ja palautua ennalleen; hän kävi usein talon parturilla.

Käherrysmekko yllään, lavertelijan taitavasti hoidellessa häntä, nojaten tuolissaan taaksepäin, Aschenbach silmäili tuskaisin katsein kuvajaistansa.

»Hannaa», sanoi hän suu vääntyneenä.

»Vähän», vastasi mies. »Se johtuu näet pienestä laiminlyönnistä, huolettomuudesta ulkonaisissa asioissa, mikä etevissä henkilöissä on tosin ymmärrettävää, mutta mitä ei voi ehdottomasti kiittää, varsinkaan kun nimenomaan sellaisille henkilöille ennakkoluulot luonnollisesta tai keinotekoisesta ovat vähemmän sopivia. Jos eräiden ihmisten kosmeettiseen taiteeseen kohdistuva siveellinen ankaruus ulottuisi loogillisesti myöskin heidän hampaisiinsa, herättäisivät he melkoista pahennusta. Lopultakin olemme niin vanhat kuin sielumme ja sydämemme tuntevat olevansa, ja harmaat hiukset merkitsevät tietyissä tapauksissa todellisempaa valheellisuutta kuin mitä merkitsisi halveksittu korjailu. Mitä teihin tulee, hyvä herra, niin miehellä on oikeus saada luonnollinen tukanvärinsä. Suvaitsetteko, että annan sen yksinkertaisesti teille takaisin?»

»Kuinka se käy?» kysyi Aschenbach.

Silloin rupattelija pesi vieraansa tukan kahdenlaisella vedellä, kirkkaalla ja tummalla, ja hiukset kävivät mustiksi kuin nuoruusvuosina. Sitten hän taivutti tukan käherryssaksilla pehmeille laineille ja astui taaksepäin tarkastelemaan näin käsiteltyä päätä.

»Nyt vain pitäisi vielä hiukan elvyttää hipiää», sanoi hän.

Ja kuten sellainen, joka ei voi lopettaa, ei voi tehdä tarpeeksi, siirtyi hän yhä uudelleen elpyvän toimeliaasti yhdestä puuhasta toiseen. Aschenbach, joka mukavasti leväten, kykenemättömänä torjumaan, pikemminkin toivorikkaasti kiihtyneenä siitä, mitä tapahtui, näki kuvastimesta kulmakarvojensa kaartuvan päättävämpinä ja tasasuhtaisempina, silmiensä muodon soikenevan, niiden kiillon korostuvan, kun luomia kevyesti maalattiin, näki edelleen alempana, missä iho oli ollut Tuskailtavan parkittu, hennon kariniinipunan nousevan, vastikään verettömien huulten paisuvan vadelmanvärisinä, poskien ja suun uurteiden ja silmien ryppyjen katoavan voiteeseen ja nuoruudentuulahdukseen — sykkivin sydämin näki kukoistavan nuorukaisen.

Kosmeetikko lopetti vihdoinkin tyytyväisenä ja kiitti palvelemaansa matelevan kohteliaasti, kuten hänen säätyistensä on tapana.

»Luontoa hieman autettu», sanoi hän viimeistellen Aschenbachin ulkoasua. »Nyt herra voi arvelematta rakastua.»

Haltioitunut poistui onnellisena kuin unessa, hämmentyneenä ja pelokkaana. Hänen kaulanauhansa oli punainen, hänen leveälierisen olkihattunsa ympärille oli sidottu monivärinen nauha.

Lauhan lämmin myrskytuuli oli noussut; satoi harvoin ja niukasti, mutta ilma oli kosteaa, paksua ja täynnä mädän huurua. Leijailu, ropina ja humina ympäröi kuulon, ja ihomaalin alla kuumeessa olevasta tuntui, että pahanrotuiset tuulenhenget pitivät huoneessa meluaan, iljettävät merilinnut, jotka olivat penkoneet, nakertaneet ja lialla häväisseet tuomitun miehen aterian. Sillä raskas ilma ehkäisi ruokahalua, ja se kuvittelu, että ruoat olivat tartunta-aineiden myrkyttämät, pyrki esille.

Kaunokaisen jälkiä seuraten Aschenbach oli eräänä iltapäivänä vaipunut sairaan kaupungin sisäosan hälinään. Paikallisvaiston pettäessä, koska sokkelon kujat, vedet, sillat ja pikku aukeamat olivat niin liiaksi toistensa näköiset, olematta ilmansuunnistakaan enää varma, hän oli kokonaan sen ajatuksen vallassa, ettei saisi kadottaa näkyvistään kaihoten seurattua kuvaa, ja häpeälliseen varovaisuuteen pakotettuna, seiniä vasten painautuen, edellä kulkevien selän takaa suojaa etsien, hän ei pitkään aikaan tuntenut väsymystä, uupumusta, jonka tunne ja alituinen jännitys olivat tuottaneet hänen ruumiilleen, hänen sielulleen.

Tadzio käveli omaistensa takana. Ahtaissa paikoissa hän tavallisesti soi etusijan hoitajattarelle ja nunnamaisille sisarille, ja yksinään kuljeskellen hän toisinaan käänsi päänsä voidakseen katsella olkapäänsä yli, omituisen hämynharmailla silmillään vakuuttautua, että ainainen saattaja oli mukana. Hän näki suosijansa eikä antanut häntä ilmi.

Tämän huomion huumaamana, noiden silmien viekoittelemana, intohimon pitäessä häntä narrinaan, rakastunut hiipi varkain sopimattoman toiveensa jäljessä — ja näki sittenkin lopulta siinä pettyvänsä. Puolalaiset olivat menneet lyhytkaarisen sillan yli, holvi peitti heidät takaa-ajavan näkyvistä, ja kun tämä puolestaan ehti sillan korkeimmalle kohdalle, ei hän nähnyt heitä enää. Hän etsi kolmelta suunnalta, suoraan edestä ja molemmilta sivuilta pitkin kapeaa ja likaista rantakatua. Hervotonna, nääntyvänä hänen täytyi lopulla luopua etsiskelystä.

Hänen päätänsä poltti, hänen ruumiinsa oli talmaisen hien peitossa, hänen niskansa vapisi, häntä kiusasi vallan sietämätön jano. Hän etsi silmillään jotakin heti saatavaa virvoitusta. Pienen vihanneskaupan edustalta hän osti hiukan hedelmiä, mansikoita, liikakypsiä ja pehmeitä, ja söi niitä kävellessään.

Pieni, autio, ilmeisesti kirottu tori aukeni hänen eteensä. Hän tunsi sen; siellä juuri hän oli viikkoja sitten saanut rauenneen pakoaikeensa. Aukion keskeltä kohoavan vesisäiliön portaille hän istuutui ja nojasi päänsä sen kivireunaan.

Kaikkialla oli hiljaista, ruohoa kasvoi katukivien lomassa, jätteitä virui ympärillä. Rapistuneitten, epäsäännöllisen korkeiden rakennusten keskellä näkyi muuan palatsintapainen ja siinä suippokaariakkunoita, joiden takana asusti tyhjyys, ja pieniä leijonaparvekkeita. Erään toisen rakennuksen maakerroksessa oli apteekki. Lämpöiset tuulenvirit henkäilivät toisinaan karbolinlemua.

Siinä nyt istui mestari, kunnioitetuksi kohonnut taiteilija, »Kurjan» tekijä, joka oli niin esikuvallisen puhtaassa muodossa kieltänyt mustalaisuuden ja samean syvyyden, evännyt myötätunnon perikadolla ja hylännyt turmeltuneen, korkealle noussut, joka oman tietämyksensä voittajana ja kaikesta ivasta kirvonneena oli tottunut joukkoluottamuksen kohteliaisuuksiin, mies, jonka maine oli virallinen ja jonka nimi oli aateloitu ja jonka tyyliä poikia kehoitettiin oppimaan — siinä hän istui luomet ummessa; vain joskus liukui niiden alta sivuille pilkallinen ja hapuileva katse kadotukseen taas heti, ja hänen kosmeettisesti tehostetut veltot huulensa muovailivat yksinäisiä sanoja siitä, mitä hänen puoliuneliaat aivonsa loivat esille omituisen haaveloogillista:

»Sillä kauneus, Faidros, huomaa se tarkoin, vain kauneus on jumalallista ja samalla näkyvää, ja niin se on siis myöskin aistillisen tie, se on, pikku Faidros, taiteilijan tie henkeen. Mutta luuletko nyt, rakkaani, että se, jonka tie henkiseen käy aistimien kautta, voi milloinkaan tavoittaa viisautta ja todellista miehen arvoa? Vai luuletko pikemminkin (jätän sen vapaan ratkaisusi varaan), että se on vaarallisen suloinen tie, todella harha- ja synnintie, joka ehdottomasti vie väärään? Sillä sinun tulee tietää, että me runoilijat emme voi käydä kauneuden tietä, ellei Eros lyöttäydy seuraan ja heittäydy johtajaksi.

— Ja vaikka olisimme omalla tavallamme sankareitakin ja kunniallisia sotureita, olemme silti kuin naiset, sillä kiihko on meidän kannustimemme, ja meidän kaipuumme täytyy pysyä rakkautena — se on meidän halumme ja häpeämme. Huomaat kai nyt, että me runoilijat emme voi olla viisaita ja arvokkaita? Että me ehdottomasti joudumme harhaan, ehdottomasti pysymme paheellisina ja tunteen seikkailijoina?

— Tyylimme mestarius on valhetta ja narriutta, maineemme ja kunnia-arvomme ilveilyä, joukkojen luottamus meihin tuiki naurettavaa, taiteen avulla tapahtuva kansan- ja nuorisonkasvatus on uskallettua, liiaksi kiellettyä yritystä. Sillä kuinka kelpaa kasvattajaksi sellainen, jolla synnynnäisesti on parantumaton ja luonnollinen taipumus joutua perikatoon? Voimmehan sen kieltää ja tavoittaa arvon, mutta kuinka kääntelehdimmekin, alati se on yllämme. Siten me kenties kiellämme kirvoittavan tiedon, sillä tiedolla, Faidros, ei ole arvoa eikä ankaruutta; se on tietävää, ymmärtävää, anteeksiantavaa, vailla ryhtiä ja muotoa; sillä on myötätuntoa perikatoon, se on perikato. Sen me siis hylkäämme päättävästi, ja siitä lähtien meidän tavoittelumme koskee yksinomaan kauneutta, toisin sanoin yksinkertaisuutta, suuruutta ja uutta ankaruutta, toista luonnollisuutta ja muotoa.

— Mutta muoto ja luontevuus, Faidros, johtavat huumaan ja himoon, johtavat jalon ehkä kammottavaan tunteenrikokseen, jonka hänen oma kaunis ankaruutensa hylkää alhaisena, johtavat perikatoon, senkin perikatoon. Meidät taiteilijat, sanon sinulle, ne johtavat siihen, sillä me emme kykene ponnistautumaan ylös, me pystymme vain huikentelemaan. Ja nyt minä menen, Faidros. Jää sinä tänne. Ja vasta kun et enää näe minua, lähde sinäkin.»

* * * * *

Joku päivä senjälkeen Aschenbach, joka tunsi itsensä sairaaksi, lähti kylpylähotellista tavallista myöhäisempänä aamuhetkenä. Hänen oli taisteltava eräitä vain puoleksi ruumiillisia pyörrytyskohtauksia vastaan, joiden seuralaisena oli äkisti ilmenevä pelko, eräänlaista turvattomuuden ja toivottomuuden tunnetta vastaan, josta ei saanut selvää, kohdistuiko se ulkomaailmaan vai hänen omaan itseensä.

Hallissa hän näki suuren joukon matkatavaraa, joka oli valmiina kuljetettavaksi. Hän kysyi eräältä ovenvartijalta, kuka matkustaisi, ja sai vastaukseksi puolalaisen aatelisnimen, jota hän salaa olikin odottanut. Hän otti tämän uutisen vastaan riutuneiden kasvonpiirteittensä muuttumatta, niukasti päätä kohottamalla, kuten ohimennen otetaan selvää jostakin, mitä ei oikeastaan tarvitsisi tietää, ja kysyi vielä: »Milloin?» Hänelle vastattiin: »Lounaan jälkeen.» Hän nyökkäsi ja lähti merenrannalle.

Siellä oli koleata, ikävää. Aavan, tasaisen veden yli, joka erotti rannan ensimmäisestä venytetystä hiekkasärkästä, kulki kareita rannan puolelta selälle päin. Ennen niin värikkään eloisalla, nyt miltei autiolla huvipaikalla, jonka hiekkaa ei enää pidetty puhtaana, näytti lepäävän syksyinen, loppuun eletyn leima. Näköjään isännätön valokuvauskone seisoi merenpartaalla kolmijalkaisella telineellä, ja musta vaate, jolla se oli peitetty, liehui lepattaen viilenneessä tuulessa.

Tadzio liikkui kolmen tai neljän hänelle jääneen leikkitoverin kanssa oikealla omaistensa kojun edessä, ja peite polvillaan, suunnilleen meren ja rantakojujen rivin keskivälissä, nojatuolissa leväten Aschenbach katseli häntä vielä kerran. Leikki, jota ei kukaan valvonut, sillä naiset lienevät olleet matkavalmistuspuuhissa, näytti säännöttömältä ja oli kehittymässä ilkikuriseksi.

Se vyöpukuinen tanakka poika, jolla oli musta hiusvoiteella rasvattu tukka ja jota huudettiin »Jashu»-nimellä, pakotti, kasvoihin sattuneen hiekkaheiton ärsyttämänä ja sokaistuna, Tadzion painiin, joka loppui nopeasti heikomman kaunokaisen häviöön. Mutta ikäänkuin jäähyväishetkellä halpa-arvoisemman palveleva tunne muuttuisi julmaksi raakuudeksi ja pyrkisi kostamaan pitkäaikaisen orjuuden, ei voittaja vieläkään hellittänyt otettaan häviölle joutuneesta, vaan painoi, ollen polvillaan hänen selässään, hänen kasvonsa jatkuvasti hiekkaan, niin että jo muutenkin kamppailun hengästyttämä Tadzio oli tukehtumaisillaan. Hänen yrityksensä ravistaa päällänsä painava ahdistaja olivat kouristuksentapaiset; ne taukosivat hetkeksi kokonaan ja uudistuivat enää vain vavahteluina. Kauhistuneena Aschenbach tahtoi juosta apuun, mutta silloin väkivallantekijä vihdoin päästi uhrinsa vapaaksi.

Lopen kalpeana Tadzio kohottautui puolittain ja istui toiseen käsivarteensa nojaten monta minuuttia liikkumattomana, tukka sekaisin ja tummenevin silmin. Sitten hän nousi pystyyn ja poistui hitaasti. Häntä huudettiin, alussa iloisesti, sitten pelokkaasti ja pyytävästi, mutta hän ei kuullut. Musta poika, joka lienee heti katunut kovakouraisuuttaan, tavoitti hänet ja koetti lepyttää häntä. Olkapäiden liike torjui yrityksen. Tadzio meni viistosti alas veteen päin. Hän oli paljain jaloin, ja hänen yllään oli juovikas pellavapuku, jossa oli punainen silmukka.

Aallokon partaalla hän viivytteli, pää painuneena, piirtäen toisen jalan kärjellä kuvioita kosteaan hiekkaan, ja meni sitten matalaan rantaveteen, joka ei syvimmällä kohdallaan vielä kostuttanut edes hänen polviaan, kahlasi sen halki veltosti ja saapui hiekkasärkälle. Siellä hän seisoi hetkisen kasvot aavalle käännettyinä ja alkoi sitten hitaasti kävellä pitkää ja paljastettua pohjaa vasemmalle päin.

Mantereesta leveän veden ja tovereista ylpeän oikun erottamana tämä tuiki eristetty ja irrallinen olento vaelsi kutrien hulmutessa kaukana meressä, tuulessa, sumuisen rajattomuuden edessä. Vielä kerran hän pysähtyi katselemaan. Ja äkkiä kuin jonkun muiston tai äkillisen mielijohteen vaikutuksesta hän käänsi, käsi lanteella, yläruumiinsa kauniissa kierteessä perusasennosta ja silmäili olkapäänsä yli rannalle päin.

Katselija istui siellä, kuten oli ennen istunut, kun ensi kerran tuolta samalta kynnykseltä lähetettynä udunharmaa katse oli kohdannut hänen silmänsä. Hänen päänsä oli tuolin selkänojaan leväten hitaasti seurannut etäällä astelevan liikkeitä; nyt se kohosi kuin katsetta vastaanottamaan ja vaipui rinnalle, niin että hänen silmänsä katselivat alhaalta päin, ja kasvoilla oli syvän uinailun veltto, kaiken muun unohtanut ilme. Mutta hän oli näkevinään kalpean ja viehkeän sielunviettelijän tuolla kaukana hymyilevän, jopa viittoilevan, ikäänkuin Tadzio, hellittäen käden lanteeltaan, osoittaisi poispäin, liitelisi edellä lupauksista rikkaaseen suunnattomaan. Ja kuten niin useasti, Aschenbach liikahti aikoen häntä seurata.

Kului monta minuuttia, ennenkuin sivuittain tuoliinsa lysähtäneelle riennettiin avuksi. Hänet vietiin huoneeseensa. Ja vielä samana päivänä sai kunnioittavasti järkytetty maailma tiedon hänen kuolemastaan.

THE END

9 789358 485264

Printed at Repro India Ltd.